# Alte Rosen
## und
# Englische Rosen

## Träume in Duft und Farbe

### DAVID AUSTIN

*Vorwort zur deutschen Ausgabe
von Ingwer J. Jensen*

DuMont Buchverlag Köln

Meiner Frau Pat

Vorder- und Rückumschlag: Ein Arrangement Englischer Rosen. Vorn: 'Redouté'
(kräftigrosa) und 'Kathryn Morley' (zartrosa); hinten:
'Glamis Castle' (rahmweiß) und 'Apricot Parfait'
(zartrosa).
Frontispiz:                 'Sharifa Asma', eine ausgesprochen feine und reiz-
volle Englische Rose.
Medaillon auf der Titelseite: 'Old Blush China'.
Medaillon auf Seite 7:      'Gartenarchitekt Günther Schulze' ('The Pilgrim').

Teile dieses Buches erschienen in *The Heritage of the Rose* von David Austin,
1988, 2. revidierte Auflage 1990

Übersetzung aus dem Englischen und Bearbeitung der deutschen Ausgabe:
Helga und Klaus Urban
Fachliche Beratung der deutschen Bearbeitung: Ingwer J. Jensen

Titel der englischen Ausgabe: Old Roses and English Roses
© der englischen Ausgabe: David Austin, 1992
© der deutschen Ausgabe: DuMont Buchverlag Köln, 1993
2. Nachdruck der 5. Auflage 2.000
Alle deutschsprachigen Rechte vorbehalten
Satz der deutschen Ausgabe: Fotosatz Froitzheim, Bonn
Druck: Antique Collector's Club Ltd., Woodbridge/Suffolk

Printed in Great Britain · ISBN 3-7701-3270-x

4

# Inhalt

# Vorwort

Ingwer J. Jensen, Generallizenznehmer für Englische Rosen
in Deutschland

Rosen schmücken unsere Gärten seit Menschengedenken, aber seit etwa 100 Jahren sehen die Rosen sehr viel anders aus als früher. Wir sind gewohnt, daß unsere Edelrosen (Teehybriden) und Beetrosen (Floribunda-Rosen) praktisch den ganzen Sommer über bis spät in den Herbst hinein blühen. Das gab es vorher nicht. Seit je waren Rosen Ziersträucher wie andere auch. Sie blühten einmal im Jahr, meist im Frühsommer, danach nicht mehr. An sich nichts Außergewöhnliches, denn bei allen anderen Ziersträuchern – denken wir an Flieder oder Rhododendron – ist das ebenso. Als aber gegen Ende des 19. Jahrhunderts die ersten öfterblühenden Rosen aufkamen, gab es kein Halten. Es dauerte nicht lange, und die neuen öfterblühenden Rosen hatten ihre einmal blühenden Vorgänger fast völlig aus unserern Gärten verdrängt.

Die ›modernen‹ öfterblühenden Rosen hatten aber nicht nur Vorteile. Im Hinblick auf Blütenform, Zartheit der Farben, Duft und Wuchs – Eigenschaften, die den besonderen Charme der Alten Rosen ausmachen – blieben sie weit hinter den Alten Rosen zurück.

Wir verdanken es David Austin, der in dreißig Jahre langer intensiver und von Rückschlägen nicht verschont gebliebener Züchtungsarbeit eine ganz neue Rosenklasse geschaffen hat, daß heute Rosen erhältlich sind, die das Öfterblühen der Modernen Rosen mit dem Charme der Alten Rosen verbinden. Mit den Englischen Rosen hat er sich einen bleibenden Platz unter den Rosenzüchtern der Welt ›erzüchtet‹.

Die ersten Kontakte zwischen David Austin und mir Ende der siebziger Jahre waren das Übliche zwischen Lieferanten und Kunden. 1986, unsere Geschäftsbeziehungen waren gewachsen, lud David Austin mich ein, ihn auf einer Englandtour zu besuchen. Mein einziges Mitbringsel für ihn war mein gerade fertiggestellter Farbkatalog Nr. 2. Der Katalog muß ihn beeindruckt haben, denn nachdem er ihn eine Zeitlang durchgeblättert hatte, fragte er mich, ob ich bereit sei, eine Generallizenz für seine Englischen Rosen in Deutschland zu übernehmen. Ich war bereit und konnte so einen Beitrag zum Bekanntwerden der Englischen Rosen in Deutschland leisten.

Mit diesem Buch über *Alte Rosen und Englische Rosen* und seinem Hauptwerk, *The Heritage of the Rose,* dessen 1992 aktualisierte Ausgabe dem vorliegenden Buch zugrunde liegt, hat sich David Austin auch in der Fachliteratur einen Namen gemacht.

Schon 1988 schrieb ich in meinem Farbkatalog: David Austin gehört ohne Zweifel zu den zur Zeit erfolgreichsten Züchtern der Welt, und diese Position, so möchte ich hinzufügen, hat er erfolgreich gefestigt.

# Danksagung

Ich möchte mich bei denjenigen bedanken, die mir beim Verfassen dieses Buches geholfen haben:

Graham Stuart Thomas für das Lesen des Manuskripts und für zahlreiche wertvolle Anregungen.

Barry Ambrose von der Royal Horticultural Society, Wisley, für seine Unterstützung, Ermutigung und praktische Hinweise, vor allem, was Begleitpflanzen zu Rosen betrifft.

Meiner Verlegerin Diana Steel vom Antique Collector's Club, die mir außergewöhnlich viel Freiheit eingeräumt und sehr viel Verständnis entgegengebracht hat, sowie Cherry Lewis, ihrer gewissenhaften und sympathischen Lektorin.

Diane Ratcliff und Doreen Pike für die Reinschrift des Manuskripts und für sonstige Unterstützung.

# Vorwort zur englischen Ausgabe

Graham Stuart Thomas, O.B.E., V.M.H., D.H.M., V.M.M.

Meine Erinnerungen an David Austin reichen bis in die frühen 50er Jahre zurück, als er jedes Jahr kam, um meine erste gewerbliche Sammlung Alter Französischer Rosen zu besuchen. Wie ich war auch er hingerissen von ihrer einzigartigen Schönheit, und nach und nach baute er selbst eine Sammlung auf. Daß er die Züchtung von Strauchrosen als eines seiner Lebensziele ansah, erwähnte er zum ersten Mal, als wir gemeinsam mit Gordon Rowley die Rosengärten von Paris besuchten. Er hatte bereits mit der Zucht angefangen. Wir alle sahen, wie erpicht die britischen, französischen und amerikanischen Züchter darauf waren, neue Züchtungen nach dem Muster der Teehybriden und Floribundas zu schaffen, völlig blind gegenüber der Tatsache, daß höchstens noch geringe Fortschritte – noch größere Blüten und noch leuchtendere Farben – erzielt werden konnten. Sie alle waren der festen Meinung, daß Rosenliebhaber nichts anderes wünschten als Buschrosen dieser Art. (In ihrer Auffassung wurden sie – wie die Züchter heute noch – durch den Wettbewerb der führenden Rosengesellschaften bestärkt.) Sie vergaßen völlig, daß die Rose von Natur aus ein Strauch ist. Die gleiche Meinung wie David Austin hatte Anfang unseres Jahrhunderts bereits Reverend Joseph Pemberton vertreten, als er 'Penelope', 'Felicia', 'Cornelia' und andere Moschata-Hybriden züchtete. Seine Züchtungen waren damals aber wenig populär, da seinerzeit keine Nachfrage nach Strauchrosen bestand, abgesehen von den Wildrosen, die von Strauch-Spezialisten schon immer bevorzugt wurden.

Heute ist es bereits Rosengeschichte, daß die wiedererwachte Beliebtheit der Alten Rosen seit Mitte der 50er Jahre dazu führte, daß sich ihre Verehrer überall in der Englisch sprechenden Welt zusammenfanden. Es ist allerdings unwahrscheinlich, daß jemand ernsthaft versuchen wird, neue Sorten Alter Rosen zu züchten; sie haben einen Grad der Vollkommenheit erreicht, der kaum mehr zu übertreffen sein dürfte. Nachdem die Schönheit der Alten Rosen einmal erkannt ist, glaube ich nicht, daß diese Bewegung wieder zum Stillstand kommen wird. Die Buschrosen – Teehybriden und Floribunda-Rosen – verdanken ihre besondere Beliebtheit dem Umstand, daß sie vom Sommer bis zum Herbst blühen, während sie in der übrigen Zeit des Jahres jedoch nicht besonders attraktiv sind. Es war ganz offensichtlich, was gebraucht wurde: Sträucher von Anmut und Schönheit, von unterschiedlicher Größe und mit hübschem Laub, die in der Lage sind, Blüten aller Formen – gefüllte und einfache, schlichte oder raffinierte – in einer weiten Skala von Farben und Düften zu produzieren, damit sie bei der Gartengestaltung ganz allgemein eine Rolle spielen können und nicht nur bei der Bepflanzung von Beeten im Rasen oder in gepflasterten Bereichen. Überlegungen wie diese spornten David an, in seinen Mußestunden als Landwirt die ersten Sämlinge zu ziehen.

Ich glaube mit Recht sagen zu dürfen, daß David in Sachen Rosen ein Nonkonformist ist. Warum auch sollte eine neue Rose unbedingt dem Bild der modernen Buschrosen, die so häufig in Beeten verwendet werden, entsprechen? Als ich einen der Preisrichter der Royal National Rose Society (RNRS) fragte, warum so wenige von David Austins Rosen eine Auszeichnung erhalten hätten, sagte man mir, sie seien »zu hoch aufgeschossen«. Mir wurde erst später klar, was damit gemeint war: Sie entsprachen weder den Vorstellungen von einer modernen Beetrose noch dem Bild der RNRS von einer Strauchrose, die tatsächlich nichts anderes ist als eine übergroße Floribunda-Rose. Wir brauchen anmutige Strauchrosen für Gärten in allen Größen. Aber man sollte bedenken, wie sehr diese Kriterien der Preisrichter die gerechte Würdigung einer bedeutenden Strauchrose einschränken. Kann man sagen, die großartige 'Nevada' oder 'Frühlingsgold', 'Fritz Nobis' oder 'Golden Wings' sind zu hoch aufgeschossen? Wir sollten jede dieser Rosen von außergewöhnlichem Wert begrüßen, aber wir brauchen auch Strauchrosen für kleinere Gärten, die von gleicher Schönheit und Anmut und von gleichem individuellen Charme und Duft sind; Rosen in einer Größe von etwa ein bis eineinhalb Metern Höhe und Breite, die vom Sommer bis zum Herbst blühen. Solche Rosen wollte David züchten.

Gartenrosen zu züchten ist eine wenig vorhersehbare Angelegenheit. Die Elternpflanzen sind von so unterschiedlicher Abstammung und tragen das Erbgut aus so vielen Generationen: Kreuzt man z.B. eine rosa und eine weiße Rose, kann sich eine ganze Reihe von Farben ergeben, einschließlich rot, purpur und gelb. Wenn wir die Vielfalt von blendenden Farben moderner Rosen betrachten, sollten wir uns bewußt machen, daß diese lebhaften Töne alle aus der Kreuzung Alter Rosen mit nur drei Wildrosenarten stammen, von insgesamt 150 auf der Nordhalbkugel vorkommenden. Zuerst das blasse Gelb von *Rosa gigantea* und das Karmesinrot von *R. chinensis*, gefolgt von den kräftigen Gelb- und Orangetönen von *R. foetida*. Kreuzungen mit diesen drei Wildrosen beendeten die Vorherrschaft der Weiß-, Rosa-, Mauve-, Purpur- und Kastanientöne der Alten Französischen Rosen. Als ob dieser Riesenfortschritt nicht für mehr als hundert Jahre Züchtungsarbeit gereicht hätte, kam um 1929 plötzlich und ganz ohne menschliches Zutun eine grelle neue Farbe auf – Pelargonidin, ein Zinnoberrot von Neon-Leuchtkraft.

Ich hatte mehrere Jahre lang Gelegenheit, Davids Rosenfelder zu besichtigen und das Ergebnis seiner Arbeit zu sehen. Sein Züchtungsbuch verzeichnete jedes Jahr viele tausend verschiedene Kreuzungen. Es schien mir, daß als Folge der Unvorherbestimmbarkeit von Züchtungen mit unerprobten Sorten praktisch jedes Ergebnis denkbar war. Aber dank Davids geschultem Auge ergaben sich beachtliche Erfolge. Da sich aus den kostbaren Samen ebensogut eine Sorte von vollendeter Schönheit ergeben kann wie ein völliger Mißerfolg, muß mit der Auswahl gleich bei der ersten Blüte begonnen werden. Bei Rosen, die mehrmals im Jahr blühen, findet dies schon im ersten Jahr statt. Jede aussichtsreiche Züchtung wird vermehrt. Wenn nach drei oder vier Jahren einige Felder damit bepflanzt sind, mögen vielleicht zehn Pflanzen der Mühe Lohn sein. Deren Wachstum, Laub, Blüten und Duft müssen ständig weiter beobachtet werden, zu unterschiedlichen Tageszeiten, zwei- bis dreimal die Woche und drei bis vier Monate lang. Parallel dazu werden weitere Kreuzungen durchgeführt, beobachtet und in gleicher Weise beurteilt. Eine Sorte wieder und wieder zu beurteilen ist schwierig. Ein Gang durch die Rosenfelder am Morgen kann ganz andere Eindrücke erbringen als Beobachtungen an denselben Pflanzen später am Tag. Erst nach kompromißloser Auslese und nachdem mehr als neunzig Prozent ausgesondert sind, ergibt sich vielleicht eine Handvoll lohnender Sorten, von denen vielleicht je hundert Stück vermehrt werden. Wenn diese nach weiteren drei oder mehr Jahren die erneute Musterung bestehen, erhalten einige wenige davon einen Namen und stellen sich vielleicht als Erfolg heraus, so wie 'Mary Rose' und die Sorte, die nach mir benannt ist. Letztere war interessanterweise unter Hunderten von Sämlingen die einzige Sorte von sattem, warmem Gelb. Schaut man zurück, muß man feststellen, daß dies immer schon eine seltene Farbe gewesen ist. Sie tauchte erstmalig bei den Noisette-Rosen auf, z.B. bei 'Alister Stella Gray', später nochmals bei 'Lady Hillingdon' und der Moschata-Hybride 'Buff Beauty' und in etwas blasserer Version bei 'Barbara Richards' und 'Golden Dawn'.

David Austins Initiative und Weitsicht, seinem Durchhaltevermögen und seinem festen Glauben an seinen Erfolg verdanken wir die Auswahl – aus Tausenden von Kreuzungen –, die er selbst ›Englische Rosen‹ nennt und in Kapitel 5 beschreibt. Es ist höchste Zeit, daß seine Rosen eine angemessene Würdigung erfahren, und wer wäre besser dafür geeignet als der Züchter selbst, der sowohl die Fehler als auch die Vorzüge jedes Sämlings besser kennt als jeder andere.

Zweifellos ist David auf dem Wege, uns eine neue Rosenklasse zu schenken, den kleinen, anmutigen Strauch, der mehrmals im Jahr blüht und gut in unsere heutigen Gärten paßt. Glücklicherweise konnte er sein Auge als Rosenschuler mit dem des Gartenliebhabers in Einklang bringen. Es ist sicherlich ermutigend für ihn zu wissen, daß seine Rosen bereits von Rosenschulen in zehn Ländern angeboten werden.

Ich bin sicher, daß uns dieses Buch helfen wird, die vielfältigen Schönheiten der Alten Rosen und der Englischen Rosen besser zu würdigen.

AUSTIN'S COTTAGE ROSE ('Cottage Rose'). *Nur wenige Englische Rosen blühen so unermüdlich wie diese. Zierliche Blüten mittlerer Größe entwickeln sich während des ganzen Sommers.*

# Einleitung

Gartenrosen lassen sich in zwei sehr verschiedene Gruppen einteilen, die in der Regel als Alte Rosen und als Moderne Rosen bezeichnet werden. Die meisten Alten Rosen wurden in der Zeit vor 1900 eingeführt,

11

die meisten Modernen Rosen in der Zeit danach. Allerdings gibt es vor und nach diesem Datum viele Überschneidungen. Die Blüten der Alten Rosen sind ganz anders als die der Modernen Rosen. Die Schönheit der Alten Rose liegt in der geöffneten Blüte und in einem natürlichen, strauchigen Wuchs, während die Modernen Rosen – damit meine ich die Teehybriden und Floribunda-Rosen unserer heutigen Gärten – Beetrosen von niedrigem, aufrechtem Wuchs sind, bei denen die Schönheit in der sich entfaltenden Knospe liegt.

Die Alten Gartenrosen gibt es seit Jahrhunderten, schon seit Beginn der Zivilisation im Mittleren Osten; von dort aus haben sie sich zuerst nach Griechenland und später nach Rom, schließlich auf ganz Europa ausgebreitet. Ihr Kennzeichen sind die geöffneten Blüten; im allgemeinen haben sie die Form einer Rosette, oft sind sie aber auch schalenförmig und manchmal eher pomponförmig mit zurückgebogenen Blütenblättern. Die Blüten können viele Blütenblätter haben oder nur wenige; sie können locker aufgebaut sein oder dicht gefüllt mit Blütenblättern, was zu einer großen Vielfalt von Blütenformen geführt hat. Sie können auch gefüllt oder halbgefüllt sein. Darüber hinaus duftet die Mehrzahl von ihnen stark. Ihr großer Nachteil ist, daß sie nur einmal im Jahr blühen und ihre Farbskala begrenzt ist.

Gegen Ende des 19. Jahrhunderts ließ die Beliebtheit der Alten Rosen langsam nach, und Anfang des 20. Jahrhunderts waren sie – angesichts der überwältigenden Konkurrenz der Teehybriden – aus unseren Gärten fast verschwunden. Kurz davor fingen aber glücklicherweise einige Sammler an, sie in ihren Gärten zu bewahren. Bezeichnend hierfür ist eine Notiz von George Paul im Journal der Royal Horticultural Society von 1896: »Suche Refugium für alte Rosen, wo sie wiederentdeckt werden können, wenn sich der Geschmack gewandelt hat.« Er zeigte damit bemerkenswerte Weitsicht, denn in kaum mehr als einem Vierteljahrhundert bauten so bedeutende Gartenliebhaber wie Edward Bunyard, G. N. Smith, George Beckwith, Maud Messel, Constance Spry, Ruby Fleischmann, Murray Hornibrook, A. T. Johnson, Bobbie James, Anastasia Law, Vita Sackville-West und andere Sammlungen Alter Rosen auf.

Am meisten haben wir jedoch Graham Thomas zu danken. Er war es, der alle diese Einzelsammlungen in einer großen Sammlung vereinte und als Leiter von Rosenschulen, zuerst bei Hillings & Co., Woking, später bei Sunningdale Nurseries, noch viele weitere hinzufügte. Seine Sammlung verschiedener Sorten überschritt weit die tausend, und von diesen Rosenschulen aus verbreiteten sich die alten Sorten in viele Gärten Großbritanniens und schließlich in Rosenschulen der ganzen Welt, so daß wir heute eine Bewegung haben, die ständig an Umfang zunimmt.

Graham Thomas leistete weit mehr, als die Rosen nur zu bewahren – mit seinen drei Büchern *The Old Shrub Roses, Shrub Roses of Today* und

*Climbing Roses Old and New* zeigte er uns einen neuen Weg, Rosen zu betrachten. In diesen Büchern beobachtet er die Rose so genau und beschreibt sie so gut, daß es schwierig sein dürfte, ihn zu übertreffen. Tatsächlich haben sich alle späteren Autoren verpflichtet gefühlt, ihm zu danken, und das gilt für mich vielleicht mehr als für jeden anderen, denn er ist mein Freund und Berater seit fünfunddreißig Jahren.

Andere haben in jüngster Zeit sein Werk fortgeführt, z.B. Nancy Steen in Neuseeland, Pat Wiley von Roses of Yesterday and Today in Kalifornien, Peter Beales, der eine der größten gewerblichen Rosensammlungen zusammengetragen hat, sowie Trevor Griffiths in Neuseeland, der ebenfalls eine außergewöhnlich große kommerzielle Sammlung besitzt, außerdem viele andere, die hier nicht alle genannt werden können oder mir unbekannt sind.

In unserer Rosenschule in Albrighton haben wir eine Auswahl von Rosen gezüchtet, die wir Englische Rosen nennen. Es handelt sich dabei um Kreuzungen Alter Rosen mit Modernen Rosen. In den Englischen Rosen haben wir die geöffnete oder rosettenförmige Blüte der Alten Rosen mit der Eigenschaft der Modernen Rosen, wiederholt im Jahr zu blühen, vereint. Englische Rosen sind in der Tat wie Alte Rosen, die mehrmals im Jahr blühen. Sie haben auch den Duft der Alten Rosen und darüber hinaus ein breites Spektrum an Farben.

In diesem Buch behandle ich die wichtigsten Alten Rosen und komme dann zu deren natürlichen Nachfolgern, den Englischen Rosen. Beide zusammen bilden eine natürliche Einheit und sind ein ideales Thema für ein Buch. Ich habe die Rugosa-Rosen ebenfalls aufgeführt, weil sie viel Ähnlichkeit mit den Alten Rosen aufweisen.

Ein zweiter Band wird die übrigen Gartenrosen behandeln, die modernen Strauchrosen, die Teehybriden und die Floribunda-Rosen, die zahlreichen und höchst reizvollen Kletterrosen und Rambler, außerdem die Wildrosenarten. Er wird auch ein Kapitel enthalten, wie man die verschiedenen Gartenrosen am besten behandelt.

MARIE LOUISE, *Damascena-Rose. Eine der prächtigsten Alten Rosen.*

14

# KAPITEL 1

# *Die Rose*

Während der gesamten Geschichte der westlichen Zivilisation, von den frühesten Anfängen bis zum heutigen Tag, ist die Rose die Blume gewesen, die dem Herzen des Menschen am nächsten steht. In der griechischen Mythologie galt Aphrodite, die Göttin der Liebe, als Schöpferin der Rose. Dem Mythos nach entstand die Rose aus ihren Tränen und dem Blut ihres verwundeten Liebhabers Adonis. Nach römischer Legende ist die Rose dem Blut der Venus entsprungen. Immer wieder finden wir die Rose in der antiken Welt als Symbol der Liebe und der Schönheit, aber auch im Zusammenhang mit Ausschweifungen und Exzessen.

Wegen ihres Bezugs zum Heidentum wurde die Rose in der Frühzeit des Christentums mit Mißtrauen betrachtet, bald jedoch änderte sich diese Einstellung, und heute ist die Rose fest mit dem christlichen Glauben verbunden: Zum Beispiel verkörpern der Rosenkranz und die fünf Blütenblätter der Rose die fünf Wunden Christi. Tatsächlich war es die Kirche, die zu einem großen Teil für die Verbreitung der Rose in ganz Europa verantwortlich war.

Obwohl wir im Westen – und wir in Großbritannien ganz besonders – die Rose gern als unser Eigentum ansehen, trifft dies durchaus nicht völlig zu. Zu der einen oder anderen Zeit findet sich die Rose bei Brahma, Buddha, Mohammed, Vischnu und Konfuzius, und die Ursprünge der Rosen, die wir heute kennen, liegen zu einem großen Teil in den Ländern des Mittleren und Fernen Ostens.

Die früheste bekannte Darstellung einer Rose wurde auf Kreta gefunden, sie entstand irgendwann zwischen 1700 und 2000 v. Chr. Seit dieser Zeit finden wir die Rose in der Malerei und in der Plastik, auf Keramik und auf Textilien und als Verzierung aller Art, in jedem Zeitalter und in vielen Ländern.

Wenn wir die Rose als Dekorationselement betrachten, wird uns schnell bewußt, daß sie über jede andere Blume erhaben ist. Es ist in der Tat schwierig, irgendein Haus in der westlichen Welt zu betreten, in dem es nicht eine Darstellung der Rose gibt. Dies, meine ich, drückt besser als alles andere aus, welch besonderen Platz die Rose in unserem Leben einnimmt. Als ich mit dem Chefdesigner einer unserer größten Keramikmanufakturen sprach, sagte er mir, daß die Rose die mit Abstand häufigste Verzierung auf Porzellan und Keramik ist, wobei die Nachfrage nach Rosenmustern die nach allen anderen Blumenmotiven zusammengenommen übersteigt.

Die Geschichte der Rose ist unzählige Male und wiederholt geschrieben worden und stellt eine fesselnde Lektüre dar. Ich habe nicht vor, dieses Feld nochmals zu beackern, höchstens soweit es uns hilft, die Alten Rosen besser zu verstehen und zu würdigen. Es ist auch gar nicht notwendig, allzu tief in die lange Geschichte der Rosen einzutauchen, um zu erahnen, wie wichtig sie immer gewesen sind. Seit jenen frühen Tagen, aus denen wir Kunde von der Existenz der Rose haben, sind viele andere Blumen als Gartenpflanzen in den Vordergrund getreten, aber keine hat es auch nur annähernd geschafft, die Rose zu verdrängen.

Heute finden wir Rosen in fast allen Gärten der Welt, in denen es überhaupt Blumen gibt, obwohl sie manchmal mit den unwirtlichsten klimatischen Bedingungen kämpfen müssen. Was macht die Faszination der Rose aus? Wie kommt es, daß sie seit jeher die beliebteste aller Blumen ist? Es scheint, als könne sie durch ihre Schönheit (und zu einem gewissen Grad auch durch ihre lange Geschichte) viele Gefühle, Prinzipien, Wünsche und Freuden ansprechen, die für das Leben des Menschen wesentlich sind, und dies in einer Weise, wie dies keine andere Blume vermag. Aus diesem Grund verdient sie eine genauere Betrachtung als jede andere Blume; denn die Rose ist etwas Besonderes – sie ist ein Teil dessen, was unser Leben ausmacht; wir sind mit ihr so eng verbunden wie mit keiner anderen Blume. Schon meine wenigen Anmerkungen reichen aus, um zu verstehen, wie wahr dies ist.

Die Blüte einer Rose präsentiert uns viele Blumen. Selten ist sie an einem Tag genauso wie am nächsten. Von der sich öffnenden Knospe bis zum Abfallen der Blütenblätter, bei jeder Veränderung der Blüte, während sie sich entfaltet, schenkt sie uns ein anderes Bild. Dasselbe gilt auch für ihre Farbe: Mal intensiv und satt an der Basis, vielleicht zu den Rändern hin weicher und heller, das Zusammenspiel ändert sich ständig, manchmal mit der Zeit verblassend oder intensiver werdend, gelegentlich sogar eine neue Farbe annehmend. Die Farbe ist abhängig vom Standort, wechselt von Garten zu Garten, von einem Boden zum anderen und mit den Witterungsbedingungen: An einem sonnigen Tag hat sie ein ganz anderes Aussehen, als wenn es kühl und bedeckt ist. Sie kann im Herbst ganz anders aussehen als im Frühsommer. Vielleicht ist das einer der Gründe, weshalb wir ihrer nicht so schnell müde werden.

Von Sorte zu Sorte, von Klasse zu Klasse und von Art zu Art hat die Blüte viele Formen. Sie kann z. B. die Form einer Rosette haben wie bei der alten Alba-Rose 'Königin von Dänemark'; oder sie kann kugelförmig sein wie bei der Bourbon-Rose 'Reine Victoria'. Dann gibt es die schweren, üppigen Blüten der *Rosa centifolia* oder die weit geöffneten, halbgefüllten Blüten der Damascena-Rose 'Celsiana' mit ihren langen Staubgefäßen.

Und schließlich der Duft, der als die eigentliche Seele der Rose bezeichnet wird und bei dem es nicht weniger Abwechslung gibt. Der Geruchssinn ist schwer zu fassen; er ist der am wenigsten entwickelte unserer Sinne, hat aber großen Einfluß auf uns. Zu unterschiedlichen Zeiten wurde in der Rose der Duft vieler Blumen entdeckt, und ich bezweifle, daß irgendeine andere Blume eine breitere Duftpalette aufweist. Es gibt nicht nur den vollen, berauschenden Duft der Alten Rosen wie bei den Zentifolien und den Damascena-Rosen, der sich über eine sehr lange Zeit hinweg auf unsere heutigen Rosen vererbt hat, sondern auch den myrrheähnlichen Duft vieler Englischer Rosen. Darüber hinaus wurden bei verschiedenen Rosen auch Düfte wie z. B. von Veilchen, Gewürznelken, Päonien, Flieder, Apfel und Himbeeren entdeckt. Die Mehrzahl der Rosen duftet, in der Regel sogar sehr stark, bei einigen Rosen ist der Duft allerdings nur schwach und bei manchen kaum noch wahrnehmbar, aber selten fehlt er völlig.

Der Mensch erwählte eine wilde Blume und formte sie nach seinen Wünschen – anfangs durch die Auswahl von Zufallssämlingen, später nach einem Plan. Die meisten Rosen wachsen in dem Teil des Gartens, der nahe am Haus liegt oder vom Gartenliebhaber am intensivsten beobachtet wird. Hier ist die Rose immer in unserer Nähe, wenn wir vorbeigehen; eines der kleinen, aber nicht unbedeutenden Dinge in unserem Dasein, die das Leben erst lebenswert machen.

Alles in allem ist die Rose eine sehr praktische Pflanze. Oftmals blüht sie – mit Unterbrechungen – vom Frühsommer bis zu den ersten Frösten. Ist sie einmal gepflanzt, lebt sie viele Jahre lang, und obwohl sie dankbar ist für liebevolle Pflege, gedeihen viele Sorten auch bei wenig oder gar keiner Beachtung. Selbst wer kein besonderes ›Händchen‹ für Pflanzen hat, kann Rosen in der Gewißheit pflanzen, sich damit keine großen Probleme einzuhandeln. Sie ist eine Blume für jeden, für den weitläufigen Garten ebenso wie für das kleinste Vorstadtgärtchen. Welche andere Blume vereint so viele Vorzüge? Kein Wunder, daß die Rose als ›Königin der Blumen‹ bezeichnet wird.

Alte Rosen und Englische Rosen sind nur ein Teil der großen Rosenfamilie, aber ein Teil, dessen Bedeutung für die Mehrzahl der aufgeschlossenen Gartenliebhaber ständig zunimmt. Sie sind der Gegenstand dieses Buches.

EINE RABATTE *in David Austins Garten, die veranschaulicht, wie natürlich die Alten Rosen wachsen. 'Ispahan', Damascena-Rose; 'Nozomi'; 'F.J. Grootendorst', Rugosa-Rosen; 'Cardinal de Richelieu', Gallica-Rose.*

# KAPITEL 2

## *Alte Rosen I*

In diesem Kapitel fasse ich alle Rosenklassen zusammen, die bestanden, bevor Ende des 18. Jahrhunderts die öfterblühende China-Rose eingeführt wurde, was sich revolutionär auf die Entwicklung der Rose ausgewirkt hat und schließlich zu unseren heutigen Teehybriden und Floribunda-Rosen geführt hat: die Gallica-Rosen, die Damascena-Rosen, die Alba-Rosen, die Zentifolien und die Moos-Rosen. Wie die meisten Leser wissen werden, handelt es sich bei diesen nicht um niedrige, aufrechte Büsche wie bei den Teehybriden, sondern um echte Sträucher wie bei allen anderen Sträuchern im Garten auch. Je nach Sorte werden sie etwa 1,20 m bis 1,50 m hoch, obwohl es unter ihnen auch viele kleinere gibt, die gut in einen kleinen Garten passen.

Die Form ihrer Blüten unterscheidet sich erheblich von der Form, die wir von den heutigen Rosen gewöhnt sind. Bei der Modernen Rose liegt die Vollendung in der Knospe mit ihrer hohen, spitzen Mitte, und diese ist in der Tat oft sehr schön. Der Nachteil besteht aber darin, daß die voll geöffnete Blüte oftmals dazu neigt, unordentlich zu wirken und ihre Form fast völlig verloren hat. Ganz anders die Alten Rosen: Ihre Knospen öffnen sich – oftmals durchaus reizvoll – als kleine Schalen, in denen sich winzige Blütenblätter entwickeln. Sie offenbaren ihre wahre Schönheit erst, wenn sich die Blüte voll entwickelt hat. In diesem Spätstadium kann die Blüte verschiedene Formen annehmen: Sie kann schalenförmig bleiben, flach mit vielen Blütenblättern sein oder auch fast pomponförmig mit zurückgebogenen Blütenblättern. Zwischen diesen Formen gibt es viele Übergänge. Die Blüte kann auch nur halbgefüllt sein und in der Mitte ein duftiges Bündel von Staubfäden zeigen. Auf diese Weise haben wir eine in jedem Stadium schöne Blüte, von der sich öffnenden Knospe bis zum Abfallen der Blütenblätter. Es ist jene Fülle von Formen, die diese Rosen so wertvoll macht. So schön die Teehybriden sind, die Alten Rosen bieten so viel mehr. Aus diesem Grund haben wir es in unserer Rosenschule für richtig gehalten, die Vermehrung Alter Rosen weiterzuverfolgen. Ich komme in den Kapiteln 4 und 5 darauf zurück.

Zugegebenermaßen ist die Farbskala der Alten Rosen vergleichsweise begrenzt. Von Weiß über Rosa bis zu kastanienbraunem Karmesinrot, Mauve und Purpur gibt es alle Schattierungen – oft von außergewöhnlicher Klarheit und Weichheit. Susan Williams-Ellis (die viele Wochen in unserer Rosenschule verbracht hat, um Rosen für ihre Portmeirion-Keramik zu malen) verglich sie mit Pflanzenfarben bei Textilien, im Gegensatz zu den grelleren ›Chemie-Farben‹ der Modernen Rosen. Ich finde, dieser Vergleich trifft recht gut. Es gibt leider nur ein oder zwei gelb blühende Sorten und nicht sehr viele weiße, obwohl 'Madame Hardy' und 'Madame Legras de St. Germain' die vollkommensten Blüten hervorbringen können. Rosa ist die eigentliche Farbe der Rosen, und bei den Alten Rosen ist sie oft von einer Klarheit, wie sie sonst selten zu finden ist. Die Farbe Karmesinrot kommt bei diesen frühen Rosen selten rein vor, sie hat aber den große Vorteil, sich in wunderschöne Schattierungen von Purpur, Violett und Mauve zu verändern.

Die Alten Rosen in diesem Kapitel haben jedoch einen Nachteil, wenn man es überhaupt als Nachteil bezeichnen darf: Sie blühen nur einmal im Jahr, im Gegensatz zu ihren Nachfolgern, die mehrmals blühen. Wir sollten uns dabei aber bewußt machen, daß wir dies von keinem anderen Strauch verlangen. Wir erwarten z.B. weder vom Flieder noch vom Rhododendron, daß er mehrmals im Jahr blüht. Wenn Ihr Garten groß genug ist, möchten Sie vielleicht nicht einmal, daß alle Ihre Rosen den ganzen Sommer über blühen, obwohl Sie es wahrscheinlich gern sehen, wenn einzelne Rosen auch später im Jahr noch Blüten tragen. Sie werden es vielleicht lieber haben, wenn jede Rose zu ihrer Zeit blüht, wie jede andere Blume auch. Es sollte auch daran erinnert werden, daß eine Rose, die nur einmal im Jahr blüht, in dieser begrenzten Zeit einen schöneren Anblick bietet, da sie ihre ganze Kraft auf diese eine großartige Entfaltung ihrer Blüten konzentriert. In der Regel formen diese Rosen auch einen insgesamt hübscheren Strauch, denn anders als die Beetrosen bilden sie lange Triebe, die von der Basis der Pflanze ausgehen. Diese blühen nicht im ersten Jahr; sie bilden im Folgejahr zunächst Seitentriebe, die dann die Blüten tragen. Diese kräftigen Triebe schaffen die Grundstruktur eines wohlgeformten Strauches, der sich nicht nur gefälliger dem Auge präsentiert, sondern auch seine Blüten natürlicher und angenehmer entfaltet. Außerdem ist die Pflanze wesentlich robuster, da sie sich nicht damit verausgabt, ständig neue Blüten zu produzieren.

Die Alten Rosen sind fast alle über hundert Jahre alt, einige vielleicht weit über tausend Jahre. Es muß noch viele weitere gegeben haben, die auf der Strecke geblieben sind. Diejenigen, die sich bis heute gehalten haben, sind wahre Überlebenskünstler. Es ist deshalb nicht überraschend, daß diese Rosen ausgesprochen robust und winterhart sind. Nach unserer Erfahrung sind sie auch gegen Krankheiten widerstandsfähiger; Anfälligkeit für Mehltau ist vielleicht ihr größter Mangel, aber diese Krankheit ist nicht schwer unter Kontrolle zu halten. Sie sind einfach zu kultivieren und gedeihen auch ohne viel Pflege, obwohl sie uns für ein bißchen zusätzliche Zuwendung reich belohnen.

Der Rose wurde von Züchtern mehr Beachtung geschenkt als jeder anderen Blume. Es mag deshalb befremdlich erscheinen, daß sich so viele Gartenliebhaber den Anfängen zuwenden und beginnen, Sorten aus lange zurückliegender Zeit zu kultivieren. Es besteht kaum Zweifel, daß hier der Reiz des Alten mit im Spiel ist, und ich sehe keinen Grund, dies zu belächeln. Es spricht aber noch viel mehr für die Alten Rosen, denn sie besitzen einen ganz besonderen Charme, der bei den jüngeren Rosen nur noch selten zu finden ist.

Nach meiner ganz persönlichen Ansicht sind wir heute viel zu sehr von der Vergangenheit besessen und zu wenig an den Schöpfungen unserer eigenen Zeit interessiert. Wenn wir bedenken, mit welcher Hingabe wir uns um alte Gebäude bemühen und wie wenig Interesse wir für neue Gebäude zeigen, scheint das manchmal etwas unausgewogen. Dem widerspricht nicht, daß wir allein aus der Bewahrung der Alten Rosen eine gewisse Befriedigung gewinnen; wir haben sie mit der Zeit kennen- und lieben gelernt, was man von den Modernen Rosen nicht sagen kann, deren ständiges Kommen und Gehen eher verwirrt. Trotz allem kann nicht deutlich genug darauf hingewiesen werden, daß die Alten Rosen nicht einfach irgendwelche Kuriositäten sind, sondern erstklassige Sträucher eigener Art, deren sanfte Farben und natürlicher Wuchs sich hervorragend in die Gartengestaltung einfügen. Abschließend ist kaum nötig, daran zu erinnern, daß ihr Duft den der meisten jüngeren Rosen übertrifft. Betrachtet man die Gruppe der Alten Rosen als Ganzes, sind sie für mich immer noch die schönsten aller Rosen.

Über die Benennung der Alten Rosen gab es schon immer unterschiedliche Meinungen, und viele Liebhaber Alter Rosen zeigen damit gern ihr Fachwissen. Bevor das Interesse an Alten Rosen wieder erwachte, durchlebten sie eine lange Zeit der Vernachlässigung, und dabei gingen viele Namen verloren. Obwohl viel Nachforschung über die Richtigkeit der Namen betrieben wurde, war sie nicht immer erfolgreich. Die Beschreibung einer Rose in einem alten Buch oder Katalog mag für die Leser der damaligen Zeit ausreichend gewesen sein, für uns genügt sie oft nicht, um eine derartige Beschreibung mit dem Namen einer bestimmten Rose zu verbinden. Oftmals war es nötig, das Beste daraus zu machen, und, offen gestanden, so schlimm ist dies auch nicht: Denn wie wir alle wissen, duftet eine Rose unter einem anderen Namen genauso gut. Wichtig ist allein, daß wir uns auf einen Namen einigen, damit jeder weiß, von welcher Rose die Rede ist.

# Gallica-Rosen

*Rosa gallica* ist in Mittel- und Südeuropa heimisch. Sie bildet einen aufrechten Strauch von knapp 1 m Höhe, der viele Ausläufer entwickelt

und schlanke Triebe mit vielen kleinen Stacheln hat. Sie trägt Blüten von dunklem Rosa von 5 bis 8 cm Durchmesser, denen runde, rote Hagebutten folgen. Die Gallica-Rosen unserer Gärten wurden im Laufe der Jahrhunderte aus dieser Wildrose gezüchtet.

Vieles in der Geschichte der Alten Rosen liegt in geheimnisvollem Dunkel. Trotzdem dürfen wir als sicher annehmen, daß die Gallica-Rosen die ältesten Gartenrosen sind und bei der Entwicklung der anderen vier Klassen Alter Rosen mehr oder weniger stark beteiligt waren. Ihr Einfluß ist – zumindest bis zu einem gewissen Grad – in fast allen Gartenrosen bis in heutige Zeit vorhanden. Lange bevor sie ihren modernen Namen erhielten, wurden ihre Vorfahren sowohl von den Griechen als auch von den Römern kultiviert und mit ziemlicher Sicherheit auch schon vorher von anderen Völkern. Obwohl sie die ältesten der wirklich Alten Rosen sind, sind sie auch die am weitesten entwickelten. 1629 führte der große englische Botaniker und Gartenliebhaber John Parkinson zwölf Sorten auf. Wenig später haben die Holländer aus Sämlingen neue Sorten gewonnen. Kurz darauf wurde diese Methode auch in Frankreich bekannt, wo Züchtungen in großem Umfang durchgeführt wurden und der Name Gallica-Rose aufkam. Bald nach 1800 soll es über tausend Sorten gegeben haben. Die meisten davon sind längst verlorengegangen,

◁ BELLE DE CRÉCY,
*eine der schönsten
Gallica-Rosen.*

CARDINAL DE
RICHELIEU,
*eine der dunkelsten
Gallica-Rosen.*

23

aber wir haben immer noch mehr von ihnen als von jeder anderen Gruppe der wirklich Alten Rosen, und darunter sind einige der schönsten Rosen, die wir heute kultivieren können.

Es ist nicht überraschend, daß diese Bemühungen zu hochentwickelten Blüten und einer Vielfalt von Farben geführt haben. Die Gallica-Rosen neigen zu kräftigeren Tönungen: dunkles Rosa und fast Karmesinrot, genauso wie satte Mischungen von Purpur, Violett und Mauve. Unter ihnen gibt es apart gestreifte Sorten, andere wiederum sind reizvoll gesprenkelt, marmoriert oder gefleckt, einige sogar von weichem Rosa, obwohl diese vermutlich Kreuzungen mit anderen Rosenklassen sind. Keine andere Alte Rose bringt solche zarten und faszinierenden Farbmischungen hervor. Sie sind fast alle stark duftend.

Eine Gallica-Rose – oder, wie sie manchmal auch genannt wird, eine 'Provins-Rose' – zu erkennen ist nicht schwer. Sie bildet meist einen kleinen Strauch, selten höher als 1,20 m, mit kräftigen, ziemlich aufrechten Trieben und zahlreichen kleinen, borstigen Stacheln. Die Blätter sind oval, etwas zugespitzt, recht grob gemasert und meist dunkelgrün. Die Blüten sind entweder einzeln oder in Dreiergruppen angeordnet, und die Knospen haben die typische kugelige Form.

Es handelt sich um exzellente Sträucher von niedrigem, leicht zu bändigendem Wuchs, sie sind also ideal für den kleineren Garten. Sie gedeihen selbst in kargen, ja sogar sandigen Böden und erfordern nur ein Minimum an Pflege. Auf der eigenen Wurzel treiben sie viele Ausläufer und breiten sich schnell über ein Beet aus. Sie wirken so zwar durchaus reizvoll, können aber zum Problem werden; aus diesem Grund ist es gewöhnlich besser, veredelte Sorten zu pflanzen und zwar nicht zu tief.

ALAIN BLANCHARD. Die fast einfachen Blüten dieser Sorte sind von dunklem Purpur-Karmesinrot, das sich später zu einem reizvoll rosa getupften und gesprenkelten Purpur verändert. Die goldfarbenen Staubgefäße bilden einen schönen Kontrast. Die Triebe sind ziemlich stachelig und erreichen eine Höhe von etwa 1,20 m, das Laub ist blaßgrün. Duftend. Vermutlich eine Kreuzung mit einer Zentifolie. Gezüchtet von Vibert (Frankreich), eingeführt 1839.

ANAÏS SÉGALAS. Diese Sorte hat vollendet geformte Blüten, die sich flach öffnen, schön mit Blütenblättern gefüllt sind und in der Mitte ein grünes Auge zeigen. Sie sind von sattem Mauve-Karmesinrot, das später zu Lilarosa verblaßt. Sie bildet einen niedrig wachsenden, verzweigten und reich blühenden Strauch mit hellgrünem Laub. Intensiver Duft. Höhe knapp 1 m. Vibert (Frankreich), eingeführt 1837.

ASSEMBLAGE DES BEAUTÉS ('Rouge Éblouissante'). Dicht gefüllte Blüten von lebhaftem Kirschrot – ungewöhnlich für eine Gallica-Rose –, das später

24

eine mauvefarbene Schattierung annimmt. Die Blütenblätter biegen sich zurück und formen fast eine Kugel mit einem Knopfauge in der Mitte. Stark duftend. Höhe 1,20 m. Eingeführt 1823.

BELLE DE CRÉCY. Eine der schönsten, am üppigsten blühenden und zuverlässigsten Gallica-Rosen. Die Blüten öffnen sich zunächst in einem Kirschrosa mit Mauve vermischt, verändern sich später zu einem weichen Violett wie das der Parmaveilchen und werden schließlich lavendelgrau; eine wunderschöne Folge von Farbtönen. Die Blüten sind klar geformt, die Blütenblätter öffnen sich weit und biegen sich zurück, um in der Mitte ein Knopfauge zu zeigen. Ein sehr intensiver Duft. Diese Sorte wird etwa 1,20 m hoch und etwa 0,90 m breit. Gezüchtet vor 1848. Abbildung Seite 22.

BELLE ISIS. Eine reizende kleine Rose von niedrigem Wuchs, ideal für den kleinen Garten. Die Blüten sind nicht groß, aber gut gefüllt, sie öffnen sich flach, sind hübsch geformt und von einem feinen Fleischrosa. Die Triebe sind robust und stark, mit vielen Stacheln und hellgrünen Blättern. Die Herkunft ist etwas geheimnisvoll, denn ein derart zartes Rosa ist für eine Gallica-Rose ungewöhnlich, vermutlich war ein Elternteil eine Zentifolie. Sie hat den ungewöhnlichen Duft von Myrrhe, was darauf schließen läßt, daß auch die Ayrshire-Rose 'Splendens' zu ihren Vorfahren gehört, da es diesen Duft allein bei ihr gibt. Höhe knapp 1 m. Gezüchtet von Parmentier (Belgien), eingeführt 1845.

BURGUNDY ROSE ('Parviflora', 'Pompon de Bourgogne'). Eine reizende Miniatur-Gallica-Rose, die einen dichten, sehr niedrigen, gedrungenen Strauch bildet, mit sehr kleinen, dunkelgrünen spitzen Blättern und winzigen bordeauxroten Ponpon-Blüten, die aus zahlreichen kleinen Blütenblättern bestehen. Sie sieht aus, als sei ein großer Strauch insgesamt geschrumpft; ein Erscheinungsbild, das man von keiner anderen Rose kennt. Höhe etwa 1 m. Sie wächst manchmal etwas zu schmal aufrecht, aber bei sorgfältigem Rückschnitt behält sie ihre Form. Schon vor 1664 bekannt.

CAMAIEUX. Eine der hübschesten gestreiften Rosen. Die Blüten sind nur locker gefüllt, aber sehr schön geformt. Sie sind weiß, kräftig gestreift und gesprenkelt mit Karmesinrot, das sich bald in Purpur und später in Blaßlila verwandelt und in jedem Stadium reizvoll ist. Der Duft ist süß und würzig. Sie bildet einen kleinen Strauch von knapp 1 m Höhe. Eingeführt 1830.

CARDINAL DE RICHELIEU. Eine der dunkelsten Rosen überhaupt. Die Farbe der Knospen ist von einem mauvefarbenen Rosa, die Blüten öffnen sich mauve und verändern sich schließlich zu einem äußerst satten reinen Purpur. Die Blüten sind recht klein, die Blütenblätter biegen sich allmählich zurück und bilden fast eine Kugel. Es handelt sich um einen ausgezeichneten Strauch für den Garten, der sich zu einem überhängenden Wall entwickelt mit dunkelgrünen Blättern und wenig Stacheln. Sorgfältige Pflege und ziemlich starker Rückschnitt sind erforderlich, damit sie ihre volle Schönheit entfalten kann, sonst bleiben die Blüten eher bescheiden. Es empfiehlt sich, den Strauch auszulichten, indem jedes Jahr etwas von dem alten Holz entfernt wird. Sie wird 1,50 m hoch und 1,20 m breit. Duftend. Als Züchter gilt Laffay (Frankreich), 1840, sie wurde aber möglicherweise in Holland von Van Sian gezüchtet und hieß ursprünglich 'Rose Van Sian'. Abbildung Seite 23.

CHARLES DE MILLS. Sie hat die größten Blüten und ist die auffälligste der Alten Rosen. Jede Blüte hat zahlreiche Blütenblätter, die so gleichmäßig

CHARLES DE MILLS, *die Gallica-Rose mit den größten Blüten.*

DUCHESSE D'ANGOULÊME, *eine Gallica-Rose mit außergewöhnlich zarter Tönung.*

DUC DE GUICHE, *eine Gallica-Rose mit prachtvollen, schweren Blüten.*

angeordnet sind und sich so flach öffnen, daß der Eindruck entsteht, sie seien mit einem scharfen Messer abgeschnitten. Die Farbe ist ein sattes Purpur-Karmesinrot, das sich allmählich in reines Purpur verwandelt. Der Wuchs ist aufrecht, sie bildet aber einen ziemlich unförmigen Strauch von etwa 1,20 m Höhe, der oft etwas gestützt werden muß. Leider ist der Duft nur sehr schwach. Der Züchter und das Jahr der Einführung sind nicht bekannt. Abbildung Seite 26.

CRAMOISI PICOTÉ. Eine hübsche und ungewöhnliche kleine Rose mit kleinen, gefüllten, fast pomponförmigen Blüten, die in der Knospe karmesinrot sind, sich dann dunkelrosa öffnen mit Karmesinrot an den Rändern. Der Wuchs ist niedrig und kompakt mit kleinen, dunkelgrünen Blättern. Schwacher Duft. Höhe knapp 1 m. Gezüchtet von Vibert (Frankreich), eingeführt 1834.

D'AGUESSEAU. Diese Sorte hat das leuchtendste Rot, das man bei einer Gallica-Rose finden kann. Wahrscheinlich ist die Nachfrage nach ihr deshalb so groß – größer als vielleicht ihre Qualitäten rechtfertigen. Die Blütenfarbe ist ein leuchtendes Kirsch-Scharlachrot, das allerdings bald zu Kirschrosa verblaßt. Die Blüten sind dicht gefüllt und duftend, der Wuchs ist kräftig mit üppigem Laub. Höhe 1,50 m. Gezüchtet von Vibert (Frankreich), eingeführt 1837.

DUC DE GUICHE. Eine prachtvolle Gallica-Rose mit großen Blüten von sattem Weinrot-Karmesin mit Purpur schattiert. Die Blüten haben viele Blütenblätter und sind wunderschön geformt, sie öffnen sich zunächst schalenförmig und biegen sich dann allmählich zurück. Sie gehört zu den schönsten ihrer Klasse, in einem trockenen Jahr aber kann die Farbe stumpf werden und insgesamt weniger ansprechend sein, besonders in leichten Böden. Höhe etwa 1,20 m. Duftend. Gezüchtet von Prévost, eingeführt 1829. Abbildung Seite 27.

DUCHESSE D'ANGOULÊME. Dieses bezaubernde Geschöpf ist vermutlich keine reine Gallica-Rose. Die Feinheit ihrer transparenten, blaßrosa kugeligen Blüten, die so anmutig an ihren bogigen Trieben hängen, lassen noch einen anderen Einfluß vermuten – vielleicht *Rosa centifolia*, aber dies ist schwer zu entscheiden. Sie hat wenig Stacheln, hellgrünes Laub und einen ausladenden Wuchs. Höhe etwa 1 m und ebenso breit. In früherer Zeit wurde sie auch 'Wachs-Rose' genannt. Gezüchtet von Vibert (Frankreich), vor 1827. Abbildung Seite 27.

DUCHESSE DE BUCCLEUGH. Eine Sorte mit ungewöhnlich großen Blüten, die sich flach und geviertelt öffnen und ein Knopfauge haben. Ihr intensives Magentarosa gefällt nicht jedem. Der Wuchs ist sehr kräftig und aufrecht, bis zu einer Höhe von 1,80 m, mit üppigem, schönem Laub. Gehört unter den Gallica-Rosen zu den am spätesten blühenden. Gezüchtet von Robert (Frankreich), eingeführt 1846.

DUCHESSE DE MONTEBELLO. Ein ziemlich locker wachsender Strauch, der Büschel dicht gefüllter Blüten von weichem Rosa in Form einer flachen Schale trägt. Diese haben einen besonderen Charme und harmonieren gut mit dem graugrünen Laub. Vermutlich ist sie keine reine Gallica-Rose. Ich habe sie zur Züchtung verwendet und sie mit öfterblühenden Englischen Rosen gekreuzt; sehr zu meiner Überraschung erhielt ich einen Teil öfterblühender Sämlinge. Daraus läßt sich schließen, daß sie selbst das Produkt einer Kreuzung mit einer öfterblühenden Sorte ist. Solche Geheimnisse tragen viel zu dem Interesse an Alten Rosen bei. Eine wunderschöne Rose mit süßem Duft. Höhe 1,20 m. Gezüchtet von Laffay (Frankreich), eingeführt vor 1829. Abbildung Seite 31.

DU MAÎTRE D'ÉCOLE. Eine der Sorten mit den größten Blüten unter den Gallica-Rosen. Die Blüten sind dicht gefüllt und öffnen sich flach und geviertelt, später biegen sich die Blütenblätter zurück, um in der Mitte ein Knopfauge zu zeigen. Ihre Farbe ist ein dunkles Rosa, das sich allmählich zu einem Lilarosa verändert und später Mauve- und Kupfertöne annimmt. Der Wuchs ist locker, etwa 1 m bis 1,20 m hoch. Unter dem Gewicht der schweren, duftenden Blüten hängen die Zweige bogenförmig über. Meillez (Frankreich), 1840.

EMPRESS JOSEPHINE. Der Ursprung dieser Sorte ist nicht bekannt. Falls es sie überhaupt schon zur Zeit von Kaiserin Josephine gab, trug sie damals mit Sicherheit noch nicht ihren Namen, den sie erst in jüngerer Zeit bekam. Der Name ist jedoch völlig angemessen, denn sie gehört zu den schönsten der Alten Rosen, und wir verdanken Josephine vielleicht mehr als jedem anderen Rosenfreund, daß sich das Interesse für Rosen in ganz Europa belebte und festigte; sie trug in Malmaison eine so große Sammlung von Rosen zusammen, wie es sie vorher noch niemals gab. Diese Sorte unterscheidet sich stark von der typischen Gallica-Rose und wird als *Rosa x francofurtana* eingeordnet. Sie ist wahrscheinlich eine Kreuzung mit *R. cinnamomea*. Die Blüten sind halbgefüllt, mit leicht gewellten Blütenblättern von ungewöhnlich zartem Aussehen, das an Seidenpapier erinnert. Ihre Farbe ist ein sattes tyrisches Rosarot, geädert mit dunkleren Tönen. Im Gegensatz zu den meisten Alten Rosen folgt dem Blütenflor eine stattliche Anzahl großer, kreiselförmiger Hagebutten. 'Empress Josephine' bildet einen niedrigen, hübschen, flach wachsenden Busch von knapp 1 m Höhe mit sehr kräftig gemasertem graugrünem Laub und wenigen Stacheln. In jeder Hinsicht eine prächtige Rose, ihr einziger Mangel ist der nur schwach ausgeprägte Duft. Sie hat eine nahe Verwandte, 'Agatha', die derselben Klasse angehört, etwas größer wird und nicht ganz so anmutig ist, aber einen intensiven Duft hat.

GEORGES VIBERT. Ziemlich kleine Blüten, die sich flach öffnen, mit schmalen, gerollten Blütenblättern von blassem Rosa, das mit hellem Karmesinrot gestreift ist. Der Wuchs ist schmal und aufrecht, etwa 1,50 m hoch, mit vielen Stacheln und ungewöhnlich kleinen Blättern. Gezüchtet von Robert (Frankreich), 1853.

GLOIRE DE FRANCE. Ein kleiner Strauch mit sich leicht ausbreitendem Wuchs, knapp 1 m hoch und eher etwas breiter. Er trägt herrlich geformte Blüten von sattem Lilarosa mit zurückgebogenen Blütenblättern, die ihre Farbe an der Basis behalten, während sie zu den Rändern hin mit der Zeit blasser wird. Gezüchtet vor 1819.

HYPPOLYTE. Ein hoher, starkwüchsiger Strauch von 1,50 m Höhe mit wenig Stacheln und kleinen, dunkelgrünen Blättern. Auch die Blüten sind klein, zuerst flach, biegen sich aber später pomponförmig zurück. Die Farbe ist Mauveviolett.

DUCHESSE DE MONTEBELLO, *eine Gallica-Rose von ungewöhnlicher blaßrosa Farbe.*

SURPASSE TOUT, *eine typische, kräftig gefärbte Gallica-Rose.*

NESTOR. Lilarosa Blüten, zur Mitte etwas dunkler, öffnen sich schalenförmig, werden später flach und geviertelt und nehmen schließlich mauvefarbene und graue Tönungen an. Triebe fast stachellos, etwa 1,20 m hoch. Eingeführt um 1846.

OFFICINALIS (die 'Apotheker-Rose'). Diese historische Rose gilt als die 'Rote Rose von Lancaster', das Wappenzeichen des Hauses Lancaster zur Zeit der Rosenkriege. Es besteht kaum Zweifel, daß sie die älteste unserer heutigen Gallica-Rosen ist. Anscheinend tauchte sie in Europa erstmalig in der Stadt Provins südöstlich von Paris auf, wo sie für die Parfumherstellung verwendet wurde. Dorthin wurde sie angeblich von Thibaut Le Chansonnier gebracht, und zwar bei seiner Rückkehr von einem Kreuzzug. Thibaut IV., König von Navarra, schrieb um 1260 das Gedicht *Le Roman de la Rose*. Darin bezeichnet er diese Rose als 'Rose aus dem Land der Sarazenen'. Wie auch immer die Wahrheit aussehen mag – diese Rose ist sehr, sehr alt. Jahrhundertelang wurde sie für medizinische Zwecke kultiviert, weshalb sie als 'Apotheker-Rose' bekannt war. Heute schätzen wir sie als ausgezeichnete Gartenpflanze, und ohne jeden Zweifel verdient sie einen Platz selbst unter den schön-

ROSA MUNDI, *eine Gallica-Rose, die wunderbar üppig wirken kann.*

sten Gartensträuchern. Sie bildet niedrig wachsende Triebe, trägt halbgefüllte, hell karmesinrote, duftende Blüten (mit goldfarbenen Staubgefäßen), die hübsch über üppigem dunklem Laub schweben, blüht reichlich und bietet einen gefälligen Anblick in der Rabatte. Zieht man sie auf der eigenen Wurzel, bildet sie schnell Ausläufer. Sie eignet sich deshalb gut für Böschungen und andere Bereiche, für die Bodendecker erforderlich sind. Veredelt man sie auf eine Unterlage, wird sie ungefähr 1,20 m hoch und etwa ebenso breit. Die Blütenfarbe schwankt stark je nach den klimatischen Bedingungen, auch von Jahr zu Jahr, und ist bei heißer Witterung sehr viel blasser. Im Herbst trägt sie kleine runde Hagebutten, die nicht ohne Reiz sind.

POMPON PANACHÉE. Eine hübsche niedrige Rose mit kleinen, zierlich geformten Blüten, die dunkelrosa Streifen auf cremefarbenem Grund zeigen. Sie erscheinen einzeln oder zu zweit an steifen, aufrechten Trieben mit kleinen Blättern. Gerader Wuchs von 1 m bis 1,20 m Höhe.

PRÉSIDENT DE SÈZE ('Jenny Duval'). Eine vollkommene Blüte dieser Rose kann schöner sein als jede andere, die man bei einer Gallica-Rose findet. Ihre attraktiven lilafarbenen Knospen öffnen sich zu prächtigen, großen, dicht gefüllten Blüten, die eine verblüffende Vielzahl von Farbtönen aufweisen. Graham Thomas nennt Kirschrot, Magenta, Purpur, Violett, Lilagrau, weiches Braun und Lilaweiß, je nach Entwicklungsstadium der Blüte und je nach Witterungsbedingungen. Vielleicht ist es einfacher zu sagen, der Gesamteindruck der Farbe ist Lila, Violett und Silbergrau. Sie bildet einen kräftigen Strauch mit reichlich Laub und wird etwa 1,20 m hoch. Mehrere Jahre lang haben Rosenschulen, auch wir, eine Rose mit dem Namen 'Jenny Duval' verkauft. Es gilt inzwischen allgemein als sicher, daß es sich dabei um 'Président de Sèze' handelt. Wer die Rose unter beiden Namen gekannt hat, mag vielleicht erstaunt sein, daß wir so lange zu dieser Erkenntnis brauchten. Als einzige Rechtfertigung kann ich sagen, daß diese Rose eine so vielseitige und ständig wechselnde Farbpalette aufweist, daß diese Verwirrung verständlich ist. Mehr als ein nicht unerfahrener Rosenliebhaber kam zu mir, um mir einen seiner Meinung nach neuartigen Sport (Zufallsmutation) zu bringen, wobei sich dann jeweils herausstellte, daß es sich immer um dieselbe Sorte handelte. Tatsächlich fällt 'Président de Sèze' – je nach Wachstumsbedingungen – so unterschiedlich aus, daß sie an zwei verschiedenen Standorten selten gleich aussieht. Sie hat einen angenehmen Duft. Über ihre Herkunft ist nichts bekannt, außer daß Graham Thomas sie von Babbink & Atkins, New Jersey, erwarb und in Großbritannien vertrieb.

ROSA MUNDI (*Rosa gallica versicolor*). Dies ist ein gestreifter Sport der 'Officinalis', mit allen Vorzügen jener wunderbaren Rose, der sie in

jeglicher Hinsicht ähnlich ist, mit Ausnahme der Farbe. Hier handelt es sich um ein sehr zartes Blaßrosa, das klar hell-karmesinrot gestreift und gesprenkelt ist, was ihr ein reizendes frisches Aussehen verleiht. Gelegentlich fallen einzelne Blüten in die Farbe der Elternsorte zurück. Sie hat den gleichen stark buschigen Wuchs und blüht ebenso reichlich und üppig wie 'Officinalis'. Beide Rosen bilden zierliche, niedrige Hecken – es dürfte schwer sein, Rosen zu finden, die für diesen Zweck besser geeignet sind. Das Einführungsjahr dieser Rose ist nicht bekannt, dürfte aber im 16. Jahrhundert oder früher liegen. Wie 'Officinalis' bildet sie einen Strauch von etwa 1,20 m Höhe und Breite. Abbildung Seite 32.

SURPASSE TOUT. Große, dicht gefüllte Blüten von hellem, roséfarbenen Karmesin, das sich mit der Zeit in Kirschrosa verwandelt. Die Blütenblätter biegen sich zurück und zeigen in der Mitte ein Knopfauge. Kräftiger, buschiger Wuchs von etwa 1,20 m Höhe. Starker Duft. Es gab sie bereits vor 1832. Abbildung Seite 30.

TRICOLORE DE FLANDRE. Große, gefüllte weiße Blüten, die kräftig in den Tönen Lila, Purpur und Karmesinrot gestreift sind. Der Wuchs ist niedrig, aber stark. Viele glatte Blätter. Höhe knapp 1 m. Duftend. Gezüchtet von Van Houtte (Belgien), 1846.

TUSCANY. Eine Rose, die man mit 'Officinalis' und 'Rosa Mundi' vergleichen kann, sowohl im Wuchs, als auch als exzellente Pflanze für den Garten. Sie hat ziemlich große halbgefüllte Blüten von dunkelstem Kastanien-Karmesinrot; diese öffnen sich weit, dabei hellen strahlend goldfarbene Staubfäden die Mitte auf. Sie bildet einen kräftigen Strauch von etwa 1,20 m Höhe und breitet sich schnell aus. Das Laub ist dunkelgrün. Wir kennen das Alter dieser Sorte nicht, wahrscheinlich aber liegt das Einführungsjahr sehr weit zurück. Ihr Duft ist nur schwach. Früher nannte man sie 'Old Velvet Rose' – der Pflanzensammler Gerard erwähnte 1597 eine 'Velvet Rose', dabei handelt es sich wahrscheinlich um diese Sorte.

TUSCANY SUPERB. Eine größere Variante von 'Tuscany' mit höherem und kräftigerem Wuchs bis etwa 1,20 m Höhe, größeren, etwas abgerundeten Blättern und größeren Blüten mit mehr Blütenblättern. Sie ist in der Tat in jeder Hinsicht ›mehr‹, bleibt aber dennoch der Stammsorte in Wuchs und Farbe sehr ähnlich; die Staubgefäße sind teilweise verborgen, verdeckt von den zusätzlichen Blütenblättern. Die Herkunft dieser Sorte ist nicht bekannt, sie wurde jedoch 1848 von Paul erwähnt. Es muß sich um einen Sport oder um einen Sämling von 'Tuscany' handeln – wahrscheinlich um letzteres.

◁ TUSCANY SUPERB, *Gallica-Rose.*
*Ein Strauch, der sich ausgezeichnet für den Garten eignet.*

# Damascena-Rosen

Die Geschichte der Damascena-Rosen reicht – wie die der Gallica-Rosen – in alte Zeiten zurück. Angeblich wurden sie in großem Stil von den Persern kultiviert und von den Kreuzfahrern nach Europa gebracht. S. F. Hamble schreibt dies einem gewissen Robert de Brie zu, der sie irgendwann zwischen 1254 und 1276 auf sein Schloß in der Champagne gebracht haben soll, von wo aus sie in ganz Frankreich und später auch in England bekannt wurden.

Nach Dr. Hurst entstand die Damascena-Rose aus einer natürlichen Kreuzung der Gallica-Rose mit einer Wildrose namens *Rosa phoenicea*. Letztere bildet einen wuchernden Strauch oder eine Kletterpflanze mit Dolden kleiner weißer Blüten; sie eignet sich wenig für den Garten. Die beiden Elternteile sind so verschieden, daß der Variationsreichtum in der Familie nicht überrascht. Die Damascena-Rosen sind allgemein größer als die Gallica-Rosen, etwa 1,50 m hoch, etwas lockerer im Wuchs und haben mehr und längere Stacheln. Die Blätter sind länglich und spitz, graugrün und auf der Unterseite flaumig. Wenn sie Hagebutten ansetzen, sind diese lang und dünn. Die Blüten sind fast immer von einem reizvollen klaren Rosa, von den Purpurschattierungen des Gallica-Elternteils haben sie nichts geerbt. Sie sind in schönen, schwebenden Büscheln angeordnet. Die Damascena-Rosen duften meist sehr stark, schon ihr Name ist gleichbedeutend mit dieser Eigenschaft. Sie bringen Anmut in die Gattung, sowohl was das Blattwerk als auch was den Wuchs betrifft.

Mit ihnen eng verwandt ist die Herbst-Damascena-Rose. Diese ist ebenfalls sehr alt. Sie ist vielleicht nicht von höchstem Wert für den Garten, um so mehr aber für den, der sich für die Geschichte der Rosen interessiert. Bis zur Einführung der China-Rosen Ende des 18. Jahrhunderts war sie nämlich die einzige Rose mit der Eigenschaft, mehrmals im Jahr zu blühen. Auch ihre sehr lange Geschichte macht sie interessant. Dr. Hurst stellte fest, daß sie erstmals Ende des 10. Jahrhunderts v. Chr. auf der griechischen Insel Samos erwähnt wurde; sie spielte dort bei der Verehrung der Aphrodite eine Rolle. Später kam sie auf das griechische Festland und danach nach Rom, wo sie wiederum eine Rolle im Kult der Venus spielte. Im 1. Jahrhundert v. Chr. erwähnt Vergil in seiner *Georgica* eine Rose, die zweimal im Jahr blüht, dabei handelte es sich ohne Zweifel um die Herbst-Damascena-Rose. Es ist ein ziemlich stacheliger Strauch, die Blätter reichen bis zu den Blüten, um die sie sich dann winden. Sie hat einen unverfälschten Charme und den typischen Damascena-Duft. Sie führt uns schließlich zu den Portland-Rosen und spielt eine wichtige Rolle bei der Entwicklung öfterblühender Rosen, über die ich im nächsten Kapitel schreiben werde.

CELSIANA. Eine typische Damascena-Rose mit hübschem, zierlichem, graugrünem Laub. Die Blüten sind groß, halbgefüllt und öffnen sich weit.

Sie sind von einem weichen Rosa, das mit der Zeit verblaßt, und haben in der Mitte ein Knäuel goldfarbener Staubgefäße. Sie bilden zarte, schwebende Büschel, die Blütenblätter sehen aus wie zerknitterte Seide. Ihr Duft ist intensiv. Höhe etwa 1,50 m. Für mich steht sie auf der Liste der Alten Rosen ganz oben. Sie wurde auf jeden Fall schon vor 1750 kultiviert. Abbildungen Seite 38 und 39.

GLOIRE DE GUILAN. Nancy Lindsay entdeckte diese Rose 1949 im Iran, wo sie für die Herstellung von Rosenöl verwendet wird. Sie bildet einen lockeren, sich ausbreitenden Strauch mit apfelgrünen Blättern. Die Blüten sind anfangs schalenförmig, später werden sie flach und geviertelt. Ihre Farbe ist ein mit der Zeit etwas verblassendes Rosa von außergewöhnlicher Klarheit und Reinheit, und sie duften sehr stark. Nach meiner Erfahrung ist sie besonders widerstandsfähig gegen Krankheiten. Höhe etwa 1,20 m. Abbildung Seite 43.

HEBE'S LIP (Rubrotincta) (auch 'Reine Blanche' genannt). Eine eher bescheidene Rose, aber nicht ohne Reiz. Die Blüten sind schalenförmig und halbgefüllt, die Blütenblätter haben rote Ränder, von denen sich ihr Name ableitet. Der Wuchs ist niedrig und stachelig mit frischem grünem Laub. Höhe etwa 1,20 m. Vermutlich ist sie keine reine Damascena-Rose, sondern eine Kreuzung mit *Rosa rubiginosa*. Abbildung Seite 39.

ISPAHAN ('Pompon des Princes'). Ein sehr hübscher Strauch, der früh mit der Blüte beginnt und eine lange Saison hat. Die großen und dicht gefüllten Blüten öffnen sich flach und sind von einem satten, warmen Rosa, das nicht verblaßt. Gut für die Vase geeignet, da sie sich lange im Wasser hält. Sie hat einen köstlichen Duft. Höhe etwa 1,50 m. Wurde schon vor 1832 kultiviert. Abbildung Seite 39.

KAZANLIK siehe 'Trigintipetala'.

LA VILLE DE BRUXELLES. Außergewöhnlich große, dicht gefüllte Blüten von sattem, klarem Rosa. Bei der völlig geöffneten Blüte biegen sich die Blütenblätter an den Rändern zurück und bilden eine leicht kugelförmige Mitte, dicht gefüllt mit kleinen Blütenblättern. Eine wahrlich verschwenderische Blüte von großer Ausstrahlungskraft. Die Blätter sind groß und zahlreich, blaßgrün und von typischer Damascena-Form. Der Wuchs dieser Rose ist aufrecht, wegen der schweren Blüten wird sie aber oft niedergedrückt, besonders bei nasser Witterung. Prächtig duftend. Höhe etwa 1,20 m. Vibert (Frankreich), 1849.

LEDA. Milchweiße Blüten mit einem Hauch von Rosa. Während sie sich öffnen, nehmen die Blüten ein spitzenähnliches Aussehen an, der Rand

HEBE'S LIP, *Damascena-Rose.*

ISPAHAN, *Damascena-Rose.*

*Links und unten:* CELSIANA, *Damascena-Rose. Weit geöffnete Blüten an einem pracht-vollen Strauch.*

der Blütenblätter färbt sich karmesinrot, was zu ihrem anderen Namen 'Painted Damask' (d.h. ›bemalte Damascena-Rose‹) geführt hat. Die Blüten sind dicht gefüllt, sie biegen sich zurück und zeigen ein Knopfauge in der Mitte. Sie ist vielleicht nicht ganz so aufregend, wie der Name erwarten läßt, dennoch ist sie eine hübsche Rose mit schönem Laub. Leicht duftend. Höhe knapp 1 m. Vor 1827.

MADAME HARDY. Eine der klassischen Alten Rosen – nur wenige andere Rosen reichen an die Vollkommenheit ihrer Blüten heran. Sie sind nicht besonders groß, anfangs schalenförmig, später flach und schließlich zurückgebogen. Im Frühstadium haben sie einen kaum wahrnehmbaren Hauch von Zartrosa, später sind sie von reinem, glitzerndem Weiß, während in der Mitte ein grünes Knopfauge den Reiz noch erhöht. Die Blüten erscheinen in schönen, gleichmäßigen Büscheln, und ihr Duft hat einen Hauch von Zitrone. Der Wuchs erreicht eine Höhe von 1,50 m und ist recht kräftig, dennoch zahlt sich eine großzügige Gabe von Stallmist oder Dünger aus. Das Laub ist blaßgrün. Wir haben keine Gewißheit über ihre Herkunft, offensichtlich ist sie keine reine Damascena-Rose, Laub und Wuchs deuten auf Zentifolien-Einfluß hin. Gezüchtet 1832 von Hardy (er war für Kaiserin Josephines berühmte Rosensammlung in Malmaison verantwortlich) und nach dessen Ehefrau benannt. Abbildung Seite 42.

MADAME ZOETMANS. Eine reizende Rose, die nur selten zu sehen ist, aber an Beliebtheit gewinnt. Die Blüten sind mittelgroß, dicht gefüllt, anfangs schalenförmig, später öffnen sie sich und zeigen ein Knopfauge. Sie sind weiß mit einem Hauch von Rosa in der Mitte. Sie erscheinen an den anmutigen Trieben einer hübschen, buschigen Pflanze mit frischem, grünem Laub. Höhe etwa 1,20 m. Gezüchtet von Marest (Frankreich), 1830.

MARIE LOUISE. Ein locker wachsender Strauch, der mit 'La Ville de Bruxelles' um die Großartigkeit seiner Blüten wetteifert. Sie sind außergewöhnlich groß und gefüllt, mit zurückgebogenen Blütenblättern von dunklem Rosa und intensiv duftend. Allein das Gewicht und die große Anzahl der Blüten drücken die Zweige bis zum Boden. Höhe etwa 1,20 m, zahlreiche große Blätter. Diese Rose eignet sich gut zum Überhängen über eine niedrige Stützmauer. Gezüchtet in Malmaison, 1813. Abbildung Seite 14.

OEILLET PARFAIT. Ein kompakter, zweigiger Strauch von knapp 1 m bis 1,20 m Höhe mit kleinen, blaßgrünen Blättern. Die Blüten öffnen sich flach mit zahlreichen Blütenblättern von einem warmen Rosa, später biegen sie sich zu einem Pompon zurück. Auch eine gestreifte Gallica-Rose trägt diesen Namen.

OMAR KHAYYAM. Diese Rose ist wahrscheinlich mehr von historischem als von gärtnerischem Interesse. Sie wächst auf dem Grab des Dichters Edward Fitzgerald in Boulge, Suffolk. Sie wurde aus Samen gezogen, der von einer Rose vom Grabmal Omar Khayyams in Nashipur in Persien stammt. Die Blüten sind von weichem Rosa, duftend, mittelgroß, geviertelt und haben ein Knopfauge. Graugrünes flaumiges Laub. Höhe knapp 1 m. Um 1893.

PETITE LISETTE. Eine Damascena-Rose mit Miniaturblüten. Sie trägt kleine Büschel vollkommener, winziger Blüten, jede gut gefüllt mit Blütenblättern von klarem Rosa. Sie hat hübsche kleine, weiche, graugrüne Blätter und bildet einen ausgezeichneten, wohlproportionierten Strauch von knapp 1 m bis 1,20 m Höhe. Gezüchtet und eingeführt von Vibert (Frankreich), 1817.

QUATRE SAISONS (*Rosa damascena bifera*, die 'Rose der vier Jahreszeiten'). Dies ist die öfterblühende Herbst-Damascena-Rose, von der ich in der Einleitung zu diesem Kapitel gesprochen habe. Die Blüten sind von klarem Rosa, locker gefüllt, mit langen Kelchblättern, und sie verströmen einen starken Duft. Der Wuchs ist eher breit, das Laub graugrün. Eine sehr alte und historische Rose. Höhe etwa 1,50 m.

SAINT NICHOLAS. Eine jüngere Ergänzung zu dieser sehr alten Rosenklasse. Sie entstand als Zufallssämling im Jahre 1950 im Garten von The Hon. Robert James in Richmond, Yorkshire. Ihre halbgefüllten Blüten öffnen sich flach in sattem Rosa mit gelben Staubgefäßen. Sie bildet einen niedrigen, stacheligen Strauch von etwa 1 m Höhe mit schönem, dunkelgrünem Laub. Abbildung Seite 42.

TRIGINTIPETALA ('Kazanlik', *Rosa damascena trigintipetala*). Sie gehört zu den Rosensorten, die in Kazanlik in Bulgarien für die Herstellung von Rosenöl angebaut werden. Ihre Blüten sind rosa und nicht besonders reizvoll, sie bildet aber einen anmutigen, typischen Damascena-Strauch. Wie zu erwarten, hat sie einen intensiven Duft. Höhe 1,50 m bis 1,80 m. Wahrscheinlich ist sie sehr alt.

YORK AND LANCASTER (*Rosa damascena versicolor*). Ein hoher Strauch mit weichem, graugrünem Laub. Er trägt seine Blüten mit Eleganz in zierlichen, lockeren Büscheln. Sie sind deshalb außergewöhnlich, weil sie manchmal rosa und manchmal fast weiß sind oder beides zugleich, das Weiß ist dann rosa gefleckt und umgekehrt. All diese Varianten kommen gleichzeitig an ein und demselben Strauch vor. Die einzelne Blüte ist etwas unordentlich und halbgefüllt, sie zeigt gewöhnlich ihre Staubgefäße. Obwohl kein aufregender Strauch, hat er eine gewisse Eleganz.

Die Legende, daß die beiden Parteien in den Rosenkriegen jeweils eine Blüte von dieser Rose nahmen – eine rote und eine weiße – ist vermutlich eine Erfindung. Die Wappenrosen der beiden Häuser waren wohl eher *R. gallica officinalis* und *R. alba semi-plena*, obwohl es dafür keinen geschichtlichen Nachweis gibt. Es ist wichtig, Pflanzen von zuverlässigen Züchtern zu erwerben, da die Blüten leicht ins Rosa zurückfallen. Duftend. Höhe etwa 1,50 m. Bereits vor 1550 bekannt.

*Rechts:* GLOIRE DE GUILAN, *Damascena-Rose. Wunderschöne Blüten von sehr klarem Rosa – hier etwas verblaßt.*

SAINT NICHOLAS, *eine Damascena-Rose von sattem Rosa.*

MADAME HARDY, *Damascena-Rose. Von allen Alten Rosen gehören ihre Blüten zu den vollkommensten.*

# Alba-Rosen

Die Alba-Rosen bilden eine weitere sehr alte Gruppe. Sie waren schon in der Antike bekannt und wurden vermutlich von den Römern nach Großbritannien gebracht. Im Mittelalter wurden sie in großem Umfang kultiviert, hauptsächlich für medizinische Zwecke. Sie sind auf vielen Gemälden dieser Zeit abgebildet. Die anderen Klassen der Alten Rosen haben viele Gemeinsamkeiten, für den flüchtigen Beobachter mögen sie alle ähnlich aussehen. Das ist bei den Alba-Rosen nicht der Fall, die ganz charakteristische Merkmale haben. Es gilt als sicher, daß es sich bei ihnen um eine natürliche Kreuzung zwischen der Damascena-Rose und *Rosa canina*, der 'Hundsrose' (unserer gewöhnlichen Heckenrose) – oder einer anderen nahe verwandten Wildrose –, handelt. Ein flüchtiger Blick auf den Wuchs der 'Hundsrose' zeigt ihre enge Verwandtschaft mit den Alba-Rosen. Wie bei den anderen Alten Rosen sind viele Sorten dieser Gruppe das Ergebnis weiterer Kreuzungen mit Rosen anderer Klassen.

Die Alba-Rosen bilden eine kleine, aber bedeutende Gruppe, zu der einige der großartigsten und schönsten Alten Rosen gehören. Ihr Wuchs ist höher als bei anderen Gruppen Alter Rosen, oftmals 1,80 m und mehr, und ohne Zweifel ist dies der Grund, weshalb sie früher Baum-Rosen hießen. Die Farbskala der Blüten ist, wie der Name vermuten läßt, auf Weiß, Zartrosa und Rosa begrenzt, diese sind jedoch von einer Eleganz und Feinheit, die sonst kaum erreicht werden. Das meist graugrüne Laub harmoniert gut mit den zarten Blütenfarben und stellt einen ausgezeichneten Kontrast zu anderen Rosen und Pflanzen dar. Fast alle haben einen angenehmen und charakteristischen Duft.

Das zarte Erscheinungsbild der Blüten steht in krassem Gegensatz zu der unbestrittenen Robustheit der Pflanze, die auch unter schwierigen Bedingungen gedeiht. Die Alba-Rosen gehören von allen Rosen zu denjenigen, die am leichtesten zu kultivieren sind. Selbst Halbschatten vertragen sie besser als andere, obwohl keine Rose solche Bedingungen wirklich liebt. Wann immer in unserer Rosenschule nach Rosen gefragt wird, die auch im Halbschatten gedeihen, empfehlen wir zuerst diese. Sie eignen sich für Beete und als Solitärstrauch oder auch für die eher naturbelassenen Teile des Gartens. Besonders gut sind sie auch als Hecken zu pflanzen, wobei verschiedene Sorten mit ähnlichem Wuchs eine geschlossene Einheit bilden. Die höheren Sorten kann man als Kletterrose ziehen, selbst an einer Nordwand fühlen sie sich wohl.

ALBA MAXIMA ('Great Double White', die 'Cheshire Rose', die 'Jakobiten-Rose'). Eine sehr alte Rose, die bereits in der Antike bekannt war. Sie wurde in England jahrhundertelang in Bauerngärten kultiviert, wo sie eine fast unbegrenzte Lebensdauer hat, weil sie sich ständig erneuert. Es ist nichts Außergewöhnliches, diese Rose anscheinend wild wachsen zu sehen. Sie kennzeichnet dann einen Platz, an dem früher ein Haus stand, das längst nicht mehr existiert, nur die Rose ist noch da. Gäbe es einen besseren Beweis für ihre Langlebigkeit? Sie gehört sicher zu den Rosen mit der längsten Lebensdauer. Sie bildet einen hohen, etwas kopflastigen Strauch von ca. 1,80 m Höhe. Die einzelnen Blüten sind zwar nicht besonders bemerkenswert, die Gesamtwirkung ist aber sehr eindrucksvoll. Die Blüten sind dicht gefüllt, anfangs mit einem Hauch von Rosa, werden dann aber bald rahmweiß. Intensiver Duft. Abbildung Seite 46.

ALBA SEMI-PLENA. Sie gilt als die 'Weiße Rose von York' und bildet einen üppigen Strauch mit hübschem, graugrünem Laub und elegantem Wuchs. Die Blüten sind groß, fast einfach, symmetrisch im Umriß und von milchweißer Farbe, mit einem dicken Büschel von Staubgefäßen. Im Herbst folgen ihnen typische 'Hundsrosen'-Hagebutten. Sie ist eine der beiden Sorten, die in Kazanlik, Bulgarien, zur Gewinnung von Rosenöl angebaut werden. Ein in jeder Hinsicht erstklassiger Strauch für den Garten. Intensiv duftend. Höhe etwa 1,80 m. Abbildung Seite 47.

AMELIA. Hier haben wir einen Strauch, der deutlich kleiner ist als die übrigen Alba-Rosen. Er trägt große, intensiv duftende, halbgefüllte Blüten von reinem Rosa mit auffälligen, goldenen Staubgefäßen. Höhe etwa 1,20 m. Gezüchtet von Vibert (Frankreich), 1823.

BELLE AMOUR. Ein kräftiger Strauch, etwa 1,80 m hoch, mit Büscheln halbgefüllter, leicht schalenförmiger Blüten von weichem Lachsrosa, ein Farbton, der bei Alba-Rosen fast einmalig ist. Sie duften nach Myrrhe, was vermuten läßt, daß sie Ayrshire 'Splendens' unter ihren Ahnen hat. Sie wurde erstmalig an einer Klostermauer in Elboeuf in der Normandie entdeckt.

CELESTIAL ('Céleste'). Eine bescheidene Rose, die vor allem wegen des Charmes und der Zartheit ihrer besonders hübsch gerollten Knospen und wegen ihrer halbgefüllten Blüten von reizvollem, weichem Rosa geschätzt wird. Die Blüten sind nicht groß und haben gelbe Staubgefäße. Sie heben sich wunderschön von dem typischen Graugrün des Alba-Laubs ab und duften süß. Der Wuchs ist allerdings alles andere als zart. Die Rose bildet einen robusten Strauch, der nach unserer Erfahrung nicht zu stark zurückgeschnitten werden darf, da sie sonst wächst, statt zu blühen. Der Strauch wird etwa 1,50 m hoch und 1,20 m breit. Angeblich wurde sie in Holland gegen Ende des 18. Jahrhunderts gezüchtet.

FÉLICITÉ PARMENTIER. Unter günstigen Bedingungen ist sie eine wunderschöne Rose mit vollkommenen, geviertelten Blüten, die dicht mit Blü-

MADAME LEGRAS DE ST. GERMAIN,
*Alba-Rose. Eine der vollkommensten
Alten Rosen.*

tenblättern gefüllt sind, von klarem,
frischem Rosa; sie biegen sich später zurück und verblassen an den
Rändern zu Rahmweiß. Der Wuchs
ist ziemlich niedrig, etwa 1,20 m
hoch, aber buschig, mit vielen Stacheln und blaßgrünen Blättern. Sie
ist eine ausgezeichnete Rose, aber
bei Trockenheit auf sandigen Böden
öffnen sich die Blüten manchmal
nicht richtig; bei korrekter Behandlung sollte dies aber kein Problem
sein. Sie wurde bereits 1834 kultiviert. Abbildung Seite 47.

ROSA ALBA MAXIMA, *Alba-Rose.*

Rosa Alba Semi-Plena, *ein Strauch, der sich ausgezeichnet für den Halbschatten und andere ungünstige Lagen eignet.*

Félicité-Parmentier, *Alba-Rose. Wunderschön geformte Blüten von zarter Farbe.*

KÖNIGIN VON DÄNEMARK ('Queen of Denmark'). Wenige Alte Rosen kommen ihr in der Perfektion der Blüten gleich. Diese sind als Knospen kelchförmig und entwickeln sich später zu vollendet geviertelten Blüten mit leicht zurückgebogenen Blütenblättern und einem Knopfauge in der Mitte. Die Blütenfarbe ist ein warmes, dunkles Rosa. Intensiv duftend. Der Wuchs ist vergleichsweise niedrig, etwa 1,20 bis 1,50 m hoch, das Laub ist typisch graugrün. Wie alle Alba-Rosen ist sie leicht zu kultivieren, aber vollkommene Blüten erhält man nur bei guter Pflege. Gezogen 1816 von John Booth, der sie als Sämling von 'Maiden's Blush' bezeichnete und 1826 einführte. Abbildung Seite 51.

MADAME LEGRAS DE ST. GERMAIN. Eine Rose von außergewöhnlicher Schönheit. Eine hübsche, kelchförmige Knospe öffnet sich zu einer leicht gewölbten, vollkommen geformten Blüte mit vielen Blütenblättern. Die Farbe ist ein strahlendes Weiß mit einer Spur Gelb, was auf ihre wahrscheinliche Herkunft deutet – es muß eine Noisette-Rose zu ihren Ahnen gehört haben. Man kann sich kaum eine perfektere Verbindung vorstellen als zwischen einer Alba- und einer Noisette-Rose, obwohl sie in diesem Fall zu einer Schwäche geführt hat: Die Blüten können bei feuchter Witterung leiden. Ansonsten ist sie vollkommen. Der Wuchs ist hoch und locker, sie bildet einen anmutigen Strauch von etwa 1,80 m Höhe mit wenigen Stacheln und blaßgrünen Blättern. Duftend. Sie eignet sich genausogut als Kletterrose. Vor 1848 eingeführt. Abbildung Seite 46.

MADAME PLANTIER. Dies ist eine Alba-/Noisette-Kreuzung. Sie wird in der Tat oft den Noisette-Rosen zugeordnet. Sie bildet einen sich ausbreitenden Wall anmutiger Triebe mit großen Büscheln eher kleiner, pomponartiger Blüten vor blaßgrünem Laub. Anfangs sind die Blüten rahmweiß mit einem Hauch von Gelb, werden aber später reinweiß mit einem deutlichen grünen Auge in der Mitte. Ihr intensiver und süßer Duft erfüllt die Luft. Sie wirkt ebenso reizvoll als Kletterrose. Ich erinnere mich lebhaft an einen Besuch in Sissinghurst Castle, wo sie sich um die Stämme von Obstbäumen rankt, was einen wundervollen Anblick wie wogende Ballkleider bietet. Sie wird etwa 1,80 m hoch und ebenso breit. Gezüchtet und eingeführt von Plantier (Frankreich), 1835. Abbildung Seite 50.

MAIDEN'S BLUSH (in Frankreich heißt sie 'Cuisse de Nymphe', zu anderen Zeiten und in anderen Ländern trug sie auch die Namen 'La Royale', 'La Séduisante', 'Virginale', 'Incarnata'). Sie bildet einen anmutigen Strauch von etwa 1,50 m Höhe und hat das typische graugrüne Alba-Laub. Die Blüten sind locker gefüllt und von weichem Zartrosa. Die Blütenblätter biegen sich mit der Zeit leicht zurück und werden zu den Rändern hin blasser. Zart duftend. Eine alte und sehr beliebte Rose, die mit Sicherheit schon vor Beginn des 16. Jahrhunderts bekannt war. Abbildung Seite 50.

MAIDEN'S BLUSH SMALL. Diese Rose hat kleinere Blüten als die soeben beschriebene Sorte und wird nur etwa 1,20 m hoch. Ich weiß nicht, ob es sich bei ihr um einen Sport oder um einen Sämling von 'Maiden's Blush' handelt, sie gleicht ihr aber in jeder Hinsicht außer in der Größe. Gezüchtet in Kew im Jahre 1797.

POMPON BLANC PARFAIT. Eine außergewöhnliche Rose, die schwer mit irgendeiner anderen zu vergleichen ist. Sie hat kleine runde Knospen, die sich zu kleinen, flachen, dicht gefüllten Pompons an kurzen dünnen Trieben öffnen. Zartlila Knospen blühen weiß zu einer zierlichen Form auf. Sie erscheinen spät in der Saison und blühen nur vereinzelt, dafür aber über eine lange Zeit hinweg. Sie wächst nur zögerlich, hat kleine, graugrüne Blätter und zweigige, ziemlich steife Triebe. Höhe etwa 1,20 m. Leicht duftend. Eingeführt 1876.

QUEEN OF DENMARK siehe 'Königin von Dänemark'.

*Alte Rosen mit ihren zarten Farben und ihrem anmutigen Wuchs eignen sich besonders gut für ein ›Mixed Border‹.*

MADAME PLANTIER, *Alba-Rose.*
*Eignet sich ausgezeichnet als reich-*
*blühender Strauch oder als Kletterrose.*

MAIDEN'S BLUSH, *eine anmutig*
*überhängende Alba-Rose.*

KÖNIGIN VON DÄNEMARK, *Alba-Rose. Sie ist eine der schönsten Alten Rosen.*

# Zentifolien

Die Zentifolien galten lange Zeit als die ältesten Rosen, aber spätere Nachforschungen ergaben, daß dies durchaus nicht der Wahrheit entspricht. Im Vergleich mit den bisher besprochenen drei Klassen von Rosen ähneln sie Kindern. Anscheinend kamen sie irgendwann zwischen dem frühen 17. und dem Beginn des 18. Jahrhunderts auf. Sie waren wohl weitgehend das Ergebnis der Bemühungen holländischer Züchter. In der genannten Zeitspanne waren etwa zweihundert Sorten bekannt. Es ist nicht leicht zu beschreiben, wie sie entstanden. Dr. Hursts Forschungen ergaben, daß *Rosa gallica*, *R. phoenicea*, *R. moschata* und *R. canina* zusammen an ihrer Entstehung beteiligt waren. Dies läßt zu einem bestimmten Zeitpunkt die Kreuzung einer Damascena- mit einer Alba-Rose vermuten, wahrscheinlich ist die Sache aber komplizierter. Offenbar erfolgte über einen längeren Zeitraum hinweg eine Reihe von Kreuzungen, deren Ergebnis wir heute als eine separate Züchtung ansehen. Die Zentifolien waren die ausgesprochenen Lieblinge unserer Vorfahren, die sie anscheinend über alles schätzten. Den Beweis dafür liefern die holländischen und flämischen Blumenmaler; sie bildeten Zentifolien häufiger als jede andere Rose auf ihren Gemälden ab.

Die typische Zentifolie hat einen lockeren, offenen, recht hoch aufgeschossenen Wuchs mit einer Mischung aus großen und kleinen Stacheln; die Blätter sind groß, rundlich und breit gezähnt; die Blüten ziemlich schwer und kugelig mit vielen Blütenblättern. Trotzdem sind Zentifolien selten plump, ihre üppigen Blüten nicken anmutig an den Stielen. Ihre Farben sind hauptsächlich warme, klare Rosatöne, die normalerweise in der Sonne nicht verblassen. Es gibt auch einige Hybriden, die zwischen Karmesinrot und schönen Schattierungen von Purpur und Mauve variieren, ebenso wie ein oder zwei weiße Sorten. Sie sind mit Recht berühmt für ihren intensiven Duft.

Die Zentifolien bringen gern Sports hervor. Dies hat zu einer Fülle ungewöhnlicher Formen geführt, zu denen z.B. die Moos-Rosen gehören, sowie zu einigen seltsamen und ungewöhnlichen Sorten wie 'Chapeau de Napoléon', 'Bullata' und einigen reizenden Miniatur-Rosen.

Oft ist es besser, den Sorten mit sehr lockerem Wuchs eine Stütze zu geben, damit sie sich nicht zu sehr zum Boden neigen. Man kann sie stärker zurückschneiden als andere Alte Rosen, sollte es aber nur so weit tun, daß der Strauch nicht auseinanderfällt, damit die Anmut der überhängenden Zweige nicht verlorengeht.

BLANCHEFLEUR. Schwere, dicht gefüllte, rahmweiße Blüten mit einem Hauch von Rosa in der Mitte und Rot an den Spitzen der Blütenblätter. Sie bildet einen starkwüchsigen, etwa 1,50 m hohen Strauch mit vielen Stacheln und apfelgrünem Laub und zeigt Merkmale einer Hybride. Für meinen Geschmack wirkt sie etwas plump, aber sie ist die einzige weiße Zentifolie, die es gibt. Duftend. Gezüchtet von Vibert (Frankreich) 1835.

BULLATA (die 'Salatblättrige Rose'). Sie ist wahrscheinlich ein Sport von 'Centifolia', der sie sehr ähnelt, mit denselben schalenförmigen Blüten und dem intensiven Duft. Der Unterschied liegt in den Blättern, die viel größer sind und wie Salatblätter gekräuselt. Da die Entwicklung solcher Blätter die Pflanze viel Kraft kostet, sind ihre Blüten deshalb möglicherweise kleiner und nicht immer ganz geöffnet. Höhe etwa 1,20 m. Eine interessante Rarität, die anscheinend im Jahre 1801 entstanden ist.

CENTIFOLIA (die 'Hundertblättrige Rose', 'Rose des Peintres', die 'Provence-Rose'). Nach dieser Rose sind die Zentifolien benannt. Selbst wer nur wenig oder nichts über Alte Rosen weiß, kennt sie gewöhnlich als 'Alte Kohl-Rose'. Den alten Pflanzenkennern galt sie als ›Königin der Rosen‹, in der Tat ist sie die schönste der Zentifolien mit ihren schweren, nickenden Blüten von warmem, dunklem Rosa und intensivem Duft nach Alten Rosen. Sie hat einen kräftigen, gefällig überhängenden Wuchs von etwa 1,50 m Höhe. Die Blüten entwickeln sich am besten bei warmer, trockener Witterung. Bekannt schon vor 1600. Abbildung Seite 55.

R. X CENTIFOLIA VARIEGATA. Diese Rose hat schon viele Namen gehabt: 'Belle des Jardins', 'La Rubanée', 'Village Maid', 'Cottage Maid', 'Panachée à Fleurs Doubles', 'La Belle Villageoise', 'Dometil Beccard' und 'Dominic Boccardo'. Wir haben uns für 'Cottage Maid' entschieden, weil das hübscher klingt. Die Blüten sind recht groß und kugelig und haben viele rahmweiße Blütenblätter mit zarten, blaßrosa Streifen. Die Rose bildet einen starkwüchsigen, buschigen Strauch von etwa 1,50 m Höhe mit dunkelgrünem Laub und vielen Stacheln. Intensiv duftend. Eingeführt von Vibert (Frankreich), 1845.

CHAPEAU DE NAPOLÉON (*Rosa centifolia* 'Cristata', 'Crested Moss'). Diese Rose ist der eben beschriebenen 'Centifolia' sehr ähnlich. Der Unterschied liegt in dem stark vergrößerten Kelch, ähnlich dem einer Moos-Rose, wodurch die Knospe das Aussehen einer dreieckigen Kokarde erhält. Genauere Beobachtung zeigt, daß es sich hierbei nicht um ›Moos‹ wie bei einer Moos-Rose handelt, sondern, wie Bunyard es ausdrückt, um »eine Wucherung der Kelchblätter«. Wie auch immer wir es beschreiben mögen, das Ergebnis ist äußerst attraktiv. Obwohl die geöffnete Blüte nicht ganz so dunkel wie bei 'Centifolia' ist, unterscheidet sie sich von ihr ansonsten nicht und hat dieselbe klare rosa Farbe. Angeblich wurde sie erstmalig 1820 in Fribourg in der Schweiz in der Spalte einer alten Mauer gefunden. Dies läßt darauf schließen, daß es sich, was ungewöhnlich ist, um einen Sämling handelt, nicht um einen Sport. Ihr Duft ist intensiv.

TOUR DE MALAKOFF, *Zentifolie. Ein anmutiger Strauch, einer der schönsten mit purpurfarbenen Blüten.*

CHAPEAU DE NAPOLÉON, *Zentifolie. Der 'Centifolia' sehr ähnlich, jedoch mit moosartigen Auswüchsen.*

CENTIFOLIA, *die 'Alte Kohl-Rose', hier schon leicht verblaßt.*

Höhe etwa 1,50 m. Eingeführt von Vibert (Frankreich) als 'Crested Moss', 1826. Abbildung Seite 55.

DE MEAUX ('Rose de Meaux'). Miniatur-Zentifolie, die man mit den anderen Miniatur-Zentifolien – 'Petite de Hollande' und 'Spong' – vergleichen muß. Jede dieser kleinen Rosen ist auf ihre Art reizvoll, wie die kleinen Rosen auf Teetassen. Sie eignen sich ideal für sehr kleine Gärten. Trotz einiger gegenteiliger Darstellungen glaube ich, daß es sich bei ihnen allen um Sports größerer Zentifolien handelt. 'De Meaux' bildet einen buschigen, zweigigen Strauch von etwa 1 m Höhe, mit kleinen Blüten von kaum 3 cm Durchmesser und dazu passenden kleinen, hellgrünen Blättern. Die Blüten öffnen sich als winzige Miniaturschalen und entfalten sich zu kleinen Pompons vom typischen Rosa der Alten Rosen. In jeder Hinsicht ein hübscher kleiner Strauch. Angeblich 1789 von einem Mann namens Sweet gezüchtet. Abbildung Seite 58.

FANTIN-LATOUR. Wir kennen die Herkunft und das Einführungsjahr dieser Rose nicht genau, aber sie ist mit Sicherheit eine reine Zentifolie. Blätter und Wuchs verraten den Einfluß der China-Rose. Die Blüten sind jedoch typische Zentifolienblüten, schalenförmig, die äußeren Blütenblätter biegen sich später zurück und zeigen in der Mitte ein Knopfauge. Die Farbe ist ein Zartrosa, das zur Mitte hin dunkler wird. Leicht und angenehm duftend. Sie bildet einen schönen Strauch von gleichmäßigem, sich ausbreitendem Wuchs und etwa 1,50 m Höhe. Sehr passend nach dem französischen Maler Henri Fantin-Latour benannt, dessen schönste Bilder Blumen darstellen und dessen Lieblingsblume die Rose war. In jeder Hinsicht ein ausgezeichneter Strauch. Abbildung Seite 58.

IPSILANTE. Eine wunderschöne Rose, ihre Blüten gehören zu den edelsten in dieser Gruppe. Sie sind groß, von einem glänzenden warmen Rosa, zuerst schalenförmig, später flach und geviertelt. Der Wuchs ist gefällig mit hübschem Laub, und in meinem Garten ist sie widerstandsfähiger gegen Krankheiten als jede andere Alte Rose. Stark duftend. Höhe etwa 1,20 m. Eingeführt 1821.

JUNO. Wie 'Fantin-Latour' hat diese Rose mehr Ähnlichkeit mit den Modernen Rosen, vermutlich besteht eine Beziehung zu den Bourbon-Rosen. Sie trägt duftende, kugelförmige Blüten von weichem Zartrosa, die sich später flach öffnen und ein Knopfauge zeigen. Wuchs eher locker, Höhe etwa 1,20 m. Schon vor 1832 in Kultur.

PAUL RICAULT. Ein Strauch von mittlerem Wuchs und einer Höhe von etwa 1,50 m. Die Blüten sind dunkelrosa, sehr dicht gefüllt und fast kugelförmig, die äußeren Blütenblätter biegen sich später zurück. Intensiv duftend und reich blühend. Die Blüten hängen anmutig an ihren Stengeln. Gezüchtet von Portemer (Frankreich), 1845. Abbildung Seite 58.

PETITE DE HOLLANDE ('Petite Junon de Hollande', 'Pompon des Dames', 'Normandica'). Dies ist eine weitere hübsche Miniaturrose, mit reizvollen kleinen Blüten von reinem Rosarot. Sie bildet einen hübschen, kleinen, buschigen Strauch von etwa 1,20 m Höhe mit kleinen Blättern und winzigen Blüten, die gut zueinander passen. Obwohl alle Miniatur-Zentifolien sehr hübsch sind, ist diese vielleicht die schönste, und die Wahl zwischen ihr und 'De Meaux' fällt schwer. Duftend. Erstmals um 1800 in Holland gezüchtet. Abbildung Seite 58.

ROBERT LE DIABLE. Ein locker wachsender Strauch mit dunkelgrünem Laub und stacheligen Trieben. Die Blüten sind purpurfarben, schiefergrau getönt und karminrot gesprenkelt, was eine sehr hübsche Farbwirkung ergibt, besonders bei heißer Witterung. Die gefälligen, rosettenförmigen Blüten sind nicht groß, die Blütenblätter biegen sich an den Rändern zurück. Laub und Blüten zeigen den Einfluß einer Gallica-Rose. Blüht sehr spät. Höhe etwa 1,20 m.

ROSE DE MEAUX siehe 'De Meaux'.

SPONG. Eine Miniatur-Zentifolie von buschigem, verzweigtem Wuchs, etwa 1,20 m hoch, mit typischem Zentifolienlaub. Die Blüten sind von sattem Rosa, das zu den Rändern hin etwas blasser wird. Sie ist weniger streng als 'De Meaux' und 'Petite de Hollande' und hat die unangenehme Eigenart, die verwelkten Blütenblätter noch lange zu behalten, was nicht besonders schön aussieht. Eine hübsche kleine Rose, von den Miniatur-Zentifolien aber die am wenigsten beeindruckende. Gezüchtet von Spong (England), eingeführt 1805.

THE BISHOP. Eine dicht gefüllte Rosettenblüte von einmaliger Farbe: Kirsch-Magentarot, die Unterseiten der Blütenblätter sind blaßlila und verwandeln sich später in Schiefergrau und Veilchenblau. Bei besonderer Beleuchtung wirken die Blüten fast blau. Offensichtlich besteht ein Gallica-Einfluß. Duftend. Der Wuchs ist eher aufrecht, Höhe etwa 1,20 m.

TOUR DE MALAKOFF. Eine wunderschöne Rose, die vor allem denen gefällt, die Purpurtöne mögen. Die Blüten sind groß, öffnen sich weit und schalenförmig und sind nur leicht gefüllt. Es ist die Blütenfarbe, die ihren Reiz ausmacht – ein Purpur-Karmesinrot, getönt mit Magenta, das sich in Violett verwandelt. Gewöhnlich sind in der Mitte einige Staubfäden zu sehen. Sie ist in jedem Stadium prachtvoll. Der Wuchs ist ausgezeichnet, etwa 1,80 m hoch, weit überhängend und bildet so einen sich ausbreiten-

PETITE DE HOLLANDE, *eine hübsche Zentifolie mit Miniatur-Blüten.*

DE MEAUX, *Zentifolie. Eignet sich hervorragend als Rosen-Hochstamm, blüht aber* ▷
*nur einmal im Jahr.*

FANTIN-LATOUR, *Zentifolie.*　　　　　PAUL RICAULT, *Zentifolie.*

den Strauch. Mit einer Stütze läßt sie sich als Kletterrose ziehen. Gezüchtet von Soupert & Notting (Luxemburg), 1856. Abbildung Seite 54.

UNIQUE BLANCHE ('White Provence Unique'). Rahmweiße Blüten, die anfangs hübsch schalenförmig sind, sich später aber etwas unordentlich öffnen, mit einem Knopfauge. Unter günstigen Bedingungen können sie wunderschön sein, die Blütenblätter haben eine feine Maserung, die an Seide erinnert. Der Wuchs ist kräftig (fast unordentlich), der Duft angenehm. Höhe 1,20 m. Entdeckt in Needham, Suffolk, 1775.

WHITE DE MEAUX ('De Meaux White', 'Rose de Meaux White'). Ein weißer Sport von 'De Meaux', der dieser in jeder Hinsicht gleicht, abgesehen davon, daß die Blüten weiß sind mit einer Spur von Rosa. Dies klingt an sich recht attraktiv, leider verleiht aber dieses Rosa den Blüten ein schmutziges Aussehen. Man sollte sich daran aber nicht stören. (In unserem Garten hat sie sich nicht bewährt. A. d. Ü.)

# Moos-Rosen

Die Moos-Rosen sind Zentifolien, die an ihren Kelchblättern – und bei einigen Sorten auch etwas weiter unten am Blütenstiel – moosartige Auswüchse entwickelt haben. Diese Besonderheit ist das Ergebnis eines Sports – oder Fehlers (einer Chromosomenveränderung) – der Pflanze. Geringe drüsige Wucherungen an den Kelchblättern sind in gewissem Umfang immer vorhanden, bei den Moos-Rosen sind sie aber extrem vergrößert, mit dem Ergebnis, daß die Knospe mit diesem ›Moos‹ bedeckt ist, was ihr einen besonderen Reiz verleiht. Wir wissen nicht genau, wann diese merkwürdige Erscheinung zum erstenmal auftrat. Dr. Hurst zitiert mehrere französische Quellen, wonach eine solche Rose in Carcassonne in Frankreich bereits 1696 existierte. Dorthin soll sie bereits ein halbes Jahrhundert vorher durch einen gewissen Freard Ducastrel gekommen sein. In England wurde sie erstmals 1724 im Katalog von Robert Furber, Kensington, erwähnt. Moosartige Auswüchse hat es möglicherweise von Zeit zu Zeit auch vorher schon und später noch gegeben; tatsächlich wurde diese Erscheinung seitdem mindestens dreimal registriert. Sie fand sich auch bei einer Herbst-Damascena-Rose und schenkte uns die 'Perpetual White Moss'.

Die Mehrzahl der Moos-Rosen wurde innerhalb einer kurzen Zeitspanne gezüchtet, von etwa 1850 bis 1870. Da sie verhältnismäßig spät den Schauplatz der Rosenzucht betraten, zeigen sie markante Spuren von Kreuzungen mit anderen Gruppen; bei einigen Sorten ist deutlich die Abstammung von China-Rosen erkennbar. Hier sehen wir zum erstenmal, wie sich die Modernen Rosen in die Familie der Alten Rosen einschleichen. Das Ergebnis ist manchmal ein Verlust des Charmes, den wir bei den Alten Rosen so sehr schätzen, der erste Verlust ihrer Unberührtheit. Trotzdem haben die meisten Moos-Rosen eine Anmut, die sie von den anderen Alten Rosen unterscheidet. Die sich öffnende Knospe einer Moos-Rose vermittelt einen besonderen Zauber der »Geborgenheit«, der einmalig ist; denn nach den Worten von George Bunyard entsprach »Geborgensein genau dem Geschmack der viktorianischen Zeit«. In der Tat bezweifle ich, daß irgendeine andere Zeit sie so begeistert aufgenommen hätte. Die Moos-Rosen sind meist etwas steifer und aufrechter als Zentifolien, und die Qualität der Blüten schwankt stärker. Von diesem Stadium in der Entwicklung der Rosen an sollten wir bei der Auswahl der Sorten etwas kritischer sein. Die meisten Moos-Rosen haben von ihren Zentifolien-Vorfahren den intensiven Duft geerbt, und sie sollten auch wie die Zentifolien zurückgeschnitten werden.

ALFRED DE DALMAS siehe 'Mousseline'.

BLANCHE MOREAU. Dicht gefüllte, reinweiße Blüten, anfangs schalenförmig, später flach, mit auffälligem braunem Moos. Angeblich eine Kreuzung zwischen 'Comtesse de Murinais' und 'Quatre Saisons Blanc', gelegentlich im Herbst remontierend. Vielleicht fehlt ihr eine gewisse Feinheit. Der Wuchs ist eher schlank und hoch, bis zu 1,80 m. Gezüchtet von Moreau-Robert (Frankreich), 1880.

CAPITAINE BASROGER. Die kirsch-purpurfarbenen Blüten sind eher formlos, der Wuchs ist recht grob und wenig gefällig, hoch und schmal, etwa 1,80 m. Wenig Moos. Gezüchtet von Moreau-Robert (Frankreich), 1890.

CAPITAINE JOHN INGRAM. Gefüllte Blüten mit zurückgebogenen Blütenblättern von sehr dunklem Kastanienpurpur mit einem Knopfauge. Die Knospen sind nur spärlich mit rotem Moos bedeckt. Bildet einen starkwüchsigen, buschigen Strauch mit dunklem Laub und vielen Stacheln. Duftend. Höhe 1,50 m. Gezüchtet von Laffay (Frankreich), 1854.

COMTESSE DE MURINAIS. Hübsche zartrosa Knospen, eingehüllt in festes grünes Moos, öffnen sich zu prächtigen gevierteilten Blüten mit einem Knopfauge, die zu weiß verblassen. Wuchs stark, hoch und aufrecht, die vielen Stacheln und das hellgrüne Laub lassen Damascena-Einfluß vermuten. Höhe 1,80 m. Duftend. Eine wunderschöne Rose. Gezüchtet von Vibert (Frankreich), 1843. Abbildung Seite 62.

DUCHESSE DE VERNEUIL. Eine reizende Rose von ausgesprochener Zartheit, mit Blüten von klarem, frischem Rosa, die Unterseite der Blütenblätter ist etwas blasser. Die Knospen sind anmutig bemoost, das Laub ist frisch. Bildet einen schönen Strauch von etwa 1,20 m Höhe. Gezüchtet von Portemer (Frankreich), eingeführt 1856.

GENERAL KLEBER. Hübsche Knospen, eingehüllt in frisches, grünes Moos, öffnen sich zu flachen Blüten mit seidigen Blütenblättern von weichem, klarem Rosa mit einem Knopfauge in der Mitte. Der Wuchs ist schön buschig, etwa 1,20 m hoch und breit, das Laub hellgrün. Eine der ansprechendsten Moos-Rosen. Duftend. Gezüchtet von Robert (Frankreich), eingeführt 1856.

GLOIRE DES MOUSSEUX ('Madame Alboni'). Diese Rose hat von allen Moos-Rosen die größten Blüten, ihre gehören gar zu den größten Blüten der Alten Rosen überhaupt. Sie sind dicht gefüllt und öffnen sich weit und flach mit an den Rändern zurückgebogenen Blütenblättern. Intensiver Duft. Die Blütenfarbe ist ein weiches Rosa, das mit der Zeit verblaßt. Die Kelchblätter sind ungewöhnlich lang und üppig mit grünem Moos bedeckt. Eine wunderschöne Blüte, die aber gelegentlich bei nasser Witterung leidet. Bildet einen kräftigen, ziemlich aufrechten, aber nicht formlosen Strauch von etwa 1,50 m Höhe mit dicken Trieben und großen, hellgrünen Blättern. Gezüchtet von Laffay (Frankreich), 1852.

HENRI MARTIN ('Red Moss'). Lange, karmesinrote Knospen mit kontrastierendem, aber spärlichem grünem Moos. Die geöffnete Blüte ist nicht sehr

COMTESSE DE MURINAIS, *eine hochwachsende Moos-Rose mit wunderschönen Blüten.*

dicht gefüllt, hat aber eine reizende, rundliche Form. Die Blütenfarbe ist
für eine Moos-Rose ungewöhnlich: ein reines Karmesinrot, das sich
später in Purpur-Karmesinrot verwandelt. Die eleganten Blüten erscheinen auf dünnen, steifen Trieben an einem starkwüchsigen Strauch von

HENRI MARTIN, *Moos-Rose.*

SHAILER'S WHITE MOSS, *Moos-Rose.*

Ja mes Mitchell, *Moos-Rose.*     Mousseline, *Moos-Rose.*

bis zu 1,80 m Höhe, ihnen folgen rote Hagebutten. Duftend. Gezüchtet von Laffay (Frankreich), 1863. Abbildung Seite 62.

Ja mes Mitchell. Ein starkwüchsiger Strauch mit kleinen Blüten in Magentarot, das zu Lilarosa verblaßt. Die Knospen sind zierlich und in

Jea nne de Montfort, *eine Moos-Rose mit üppigem braunem Moos an den Knospen.*

dunkles Moos gehüllt. Sie blüht gewöhnlich von allen Moos-Rosen als erste. Höhe etwa 1,50 m. Gezüchtet von Verdier (Frankreich), 1861. Abbildung Seite 63.

JAPONICA ('Moussu du Japon'). Bei dieser Rose befindet sich das Moos nicht nur an den Knospen, sondern auch an den Stielen und selbst an den Blättern. Die magentaroten Blüten sind nicht besonders eindrucksvoll. Das Laub hat, solange es jung ist, purpur- und kupferfarbene Schattierungen. Lediglich als Kuriosität interessant. Höhe knapp 1 m.

JEANNE DE MONTFORT. Eine hohe und starkwüchsige Moos-Rose von 1,80 m bis über 2 m Höhe. Die Blüten von klarem Rosa sind nicht besonders dicht gefüllt, haben auffällige gelbe Staubgefäße und duften süß. Die Knospen haben dichtes braunes Moos an langen Kelchblättern. Gezüchtet von Robert (Frankreich), 1851. Abbildung Seite 63.

LITTLE GEM. Eine Miniaturform mit kleinen, flachen, pomponförmigen Blüten in gleichmäßigem hellem Karmesinrot mit nur wenig Moos. Bildet einen niedrigen Busch von nicht mehr als 60 cm Höhe mit kleinen Blättern. Gezüchtet von Paul (England), 1880.

LOUIS GIMARD. Große, schalenförmige Blüten, dicht mit hell karmesinroten Blütenblättern gefüllt. Dunkelgrünes Laub und in dunkles Moos gehüllte Knospen. Höhe etwa 1,50 m. Gezüchtet von Pernet Père, 1877. Abbildung Seite 67.

MADAME DE LA ROCHE-LAMBERT. Attraktive karmesinrote Knospen mit dunklem Moos und langen Kelchblättern öffnen sich zu flachen, schön geformten, dicht gefüllten Blüten von Karmesinpurpur. Bildet einen schönen, buschigen Strauch von etwa 1,20 m Höhe, der gelegentlich ein zweites Mal im Jahr blüht. Gezüchtet von Robert (Frankreich), 1851.

MARÉCHAL DAVOUST. Eine der besten Moos-Rosen, wenn wir den Strauch als Ganzes betrachten. Sie blüht reich und hat einen anmutigen, formschönen, etwas überhängenden Wuchs, der einen sehr gefälligen Gesamteindruck ergibt. Die Knospen sind attraktiv mit grünbraunem Moos, sie öffnen sich zu hübsch geformten Blüten von hellem Karmesinrot, das mit Purpur und Mauve schattiert ist. Die Blütenblätter biegen sich zurück, um in der Mitte ein grünes Knopfauge zu zeigen. Höhe etwa 1,20 m. Duftend. Gezüchtet von Robert (Frankreich), 1853. Abbildung Seite 67.

MOUSSELINE. Diese Rose wird häufig unter dem Namen 'Alfred de Dalmas' geführt. Keine andere Moos-Rose blüht so regelmäßig ein zweites Mal im Jahr, außer vielleicht 'Salet', die aber bei weitem nicht so attraktiv ist. Die Knospen von 'Mousseline' sind sehr hübsch und haben grünbraunes Moos, allerdings nicht sehr reichlich. Die geöffneten Blüten sind mittelgroß, schalenförmig, von einem weichen Cremerosa und zart duftend. Der Wuchs ist buschig, ungefähr 1,20 m hoch, mit blaßgrünen, merkwürdig löffelförmigen Blättern. Sie scheint mit der Herbst-Damascena-Rose verwandt zu sein, vermutlich mit 'Quatre Sainsons Blanc'. Eine reizende kleine Rose. Höhe knapp 1 m. Gezüchtet von Portemer (Frankreich), eingeführt 1855. Abbildung Seite 63.

NUITS DE YOUNG ('Old Black'). Die dunkelste aller Moos-Rosen, mit kleinen Blüten von sattem, samtigem Kastanienpurpur, das von kontrastierenden gelben Staubgefäßen aufgehellt wird. Ihre dünnen Knospen sind in sehr dunkles Moos eingehüllt. Der Wuchs ist schlank und steif, die Blätter klein und dunkel, fast purpurfarben. Sorgfältiges Ausdünnen beim Rückschnitt und etwas Düngen lohnen sich. Höhe 1,50 m. Gezüchtet von Laffay (Frankreich), 1845. Abbildung Seite 66.

OLD PINK MOSS. Es gilt als sicher, daß diese bekannte Rose ein Sport von *Rosa centifolia* ist. Die Blüten sind etwas kleiner und nicht ganz so dunkel, wahrscheinlich, weil durch das Bilden von Moos Kraft verlorengeht. Ansonsten hat sie dasselbe warme, satte Rosa und den intensiven Duft, ebenso wie Eleganz und Ebenmaß und andere gute Eigenschaften der Elternsorte. Dies ist wahrscheinlich die ursprüngliche Moos-Rose, von der die anderen abstammen. Obwohl sie viele Nachfolger hatte, wurde sie von keinem übertroffen, weder was die Schönheit der Blüten noch was ihren Wert als Gartenstrauch insgesamt betrifft. Höhe etwa 1,20 m. Geht wahrscheinlich bis ins Jahr 1700 zurück.

RENÉ D'ANJOU. Hübsche Knospen mit braungrünem Moos öffnen sich zu wunderschönen Blüten von weichem Rosa mit köstlichem Duft. Das Laub in Bronzetönung bildet einen buschigen Strauch von etwa 1,20 m Höhe. Eine reizende Rose. Gezüchtet von Robert (Frankreich), 1853.

SALET. Eine remontierende Moos-Rose mit Blüten von schönem klarem Rosa und rotem Moos. Leider sind Wuchs und Blüten ziemlich plump, allerdings ist sie die Moos-Rose, die am verläßlichsten remontiert. Höhe etwa 1,20 m. Gezüchtet von Lacharme (Frankreich), 1854.

SHAILER'S WHITE MOSS (*Rosa centifolia muscosa alba*, 'Clifton Rose', oft auch 'White Bath' genannt). Diese Rose ist ein Sport von 'Old Pink Moss' und dieser außer in der Farbe gleich. Wie man erwarten darf, ist sie eine sehr attraktive Rose, mit schalenförmigen weißen Blüten, die anfangs in der Mitte zartrosa getönt sind. Als hervorragendste weiße Moos-Rose und schönste unter den wenigen weißen Alten Rosen bildet sie einen ausgezeichneten Strauch von etwa 1,20 m Höhe. Duftend. Entdeckt von Shailer, 1788. Abbildung Seite 62.

SOUPERT ET NOTTING. Eine zierliche kleine Rose, die sich sehr von anderen Moos-Rosen unterscheidet. Die Blüten sind ziemlich klein, von dunklem

NUITS DE YOUNG, *die dunkelste aller Moos-Rosen.*

Lilarosa, zierlich gerundet und flach, dicht mit Blütenblättern gefüllt und haben eine reizvolle Strenge. Wuchs niedrig und buschig, knapp 1 m hoch, blüht nochmals im Sommer. Obwohl das Moos nicht sehr auffällig ist, ist sie eine reizvolle Rose. Gezüchtet von Pernet Père, 1874.

WHITE BATH siehe 'Shailer's White Moss'.

WILLIAM LOBB ('Old Velvet Rose'). Ein hoher und starkwüchsiger Strauch von ziemlich spärlichem Wuchs, 1,80 m bis 2,40 m hoch, mit stacheligen Trieben und bleigrünem Laub. Die Blüten haben ein wunderschönes dunkles Karmesinpurpur, das sich in Lavendel und schließlich fast Grau verwandelt, die Unterseiten der Blütenblätter sind hell magentafarben. Sie erscheinen in großen, offenen Büscheln, sind üppig bemoost und intensiv duftend. Diese Rose eignet sich ideal als Hintergrund einer Rabatte, sie überragt dann die niedrigeren Sträucher, die wiederum den etwas unansehnlichen Wuchs verdecken. Graham Thomas regt an, sie in andere Sträucher wachsen zu lassen, was sehr gefällige Farbwirkungen ergeben kann. Gezüchtet von Laffay (Frankreich), 1855.

WILLIAM LOBB, *eine gute, verläßliche, hochwachsende Moos-Rose für den Hintergrund einer Rabatte.*

MARÉCHAL DAVOUST, *Moos-Rose.*

LOUIS GIMARD, *Moos-Rose.*

# KAPITEL 3

## *Alte Rosen II*

Gegen Ende des 18. Jahrhunderts passierte etwas, das unsere Gartenrosen auf immer verändern sollte. Als europäische Reisende und
Kaufleute anfingen, erstes Licht auf die Geheimnisse des alten China zu
werfen, war es unvermeidlich, daß aus diesem großen Land auch Pflanzen mit nach Europa gebracht wurden. China ist für Pflanzen wahrscheinlich die ergiebigste Quelle, die es überhaupt auf der Welt gibt, und
die Heimat einiger der schönsten Wildrosen. Insgesamt dürften etwa
hundert verschiedene Arten dort beheimatet sein. Bevor Europäer diese
Wildrosen in der freien Natur sahen, wurden bereits verschiedene Gar-
tenhybriden nach Europa gebracht. Diese wurden als China-Rosen
bekannt. Sie waren zwar nicht besonders beeindruckend im Aussehen,
hatten aber eine sehr wichtige Eigenschaft: die Fähigkeit, nicht nur im
Frühsommer zu blühen, sondern während der ganzen Saison. Sie waren,
wie wir es nennen, wiederholt blühend, öfterblühend oder remontierend,
je nach dem Reichtum des zweiten Blütenflors. Es ist interessant und
sehr überraschend, daß in China, trotz des Reichtums an Wildrosen und
der langen Garten- und Blumentradition, die Rose niemals besonders
hoch angesehen war. Die Chinesen waren vor allem Gärtner, und ihr
Interesse konzentrierte sich auf Päonien, Chrysanthemen und andere
Blumen, aber nur sehr begrenzt auf die Rose, wenngleich wir sie gelegentlich auf alten Keramiken und Bildern dargestellt sehen.

Die Fähigkeit der China-Rosen, wiederholt zu blühen, war nicht völlig
neu – wie wir bereits gesehen haben, besitzt die Herbst-Damascena-Rose
diese Eigenschaft auch, die sie *Rosa moschata* verdankt, die selbst vom
späten Sommer an durchgehend blüht. Das Remontieren ist eine Erscheinung, die in der Natur normalerweise nicht vorkommt, es ist vielmehr
das Ergebnis eines Sports oder einer Mutation im Erbgut der Pflanze. Von
ein oder zwei Ausnahmen abgesehen, bilden Wildrosen zuerst lange
Triebe ohne Blüten, an denen sich erst im nächsten Jahr kürzere Seitentriebe bilden, die dann Blüten tragen. Bei den China-Rosen ging irgend
etwas schief – oder aus unserer Sicht sollten wir vielleicht sagen, lief
etwas richtig. Es entwickelte sich eine Pflanze, die die Fähigkeit verloren
hatte, nichtblühende Haupttriebe zu bilden, sondern nur blühende Seitentriebe hervorbrachte, mit dem Ergebnis, daß wir einen Busch haben,

bei dem jeder Trieb eine Blüte hervorbringt. Nach der Blüte ist die Rose normalerweise damit beschäftigt, kräftige neue Triebe zu bilden, die im nächsten Jahr Blüten und Früchte tragen sollen, in diesem Fall aber blühte die Pflanze weiter, ohne für die Zukunft zu sorgen. Diese bedeutende Tatsache war ohne Zweifel einem aufmerksamen und längst vergessenen Chinesen aufgefallen, der die Pflanze anschließend vermehrte. Wer auch immer es gewesen sein mag, er leistete einen großen Beitrag zur Entwicklung unserer Gartenrosen – einen größeren vielleicht, als irgend jemand sonst seit jener Zeit, denn seine Entdeckung verdoppelte oder verdreifachte die Zeit, in der wir uns an Rosen erfreuen können.

Die China-Rose kam ursprünglich in vier verschiedenen Sorten nach Großbritannien. Sie wurden bekannt unter den Namen 'Slater's Crimson China', eingeführt 1792; 'Parsons' Pink China', 1793; 'Hume's Blush China', 1809, und 'Parks' Yellow Tea Scented China', 1824. Die Herkunft dieser Rosen ist schwer auszumachen. Bei 'Parks' Yellow' kann es sich nur um eine Kreuzung zwischen *R. gigantea* – die von allen Wildrosenarten die größten Blüten hat – und einer China-Rose handeln.

Man möchte meinen, daß die Ankunft dieser Rosen unter den Pflanzenzüchtern eine Woge von Interesse auslöste, davon kann aber keine Rede sein. Ein Grund hierfür war, daß die vorhandenen einheimischen Rosen vergleichsweise viel anziehender waren. Trotzdem dauerte es nicht lange, bis Kreuzungen mit den europäischen Rosen (die ich in Kapitel 2 beschrieben habe) auftauchten. Aber die Gene, die die Eigenschaften des Remontierens hatten, waren rezessiv, mit dem Ergebnis, daß die ersten Kreuzungen nur einmal blühten. Erst als diese Hybriden erneut mit China-Rosen gekreuzt wurden, erschienen auch wiederholt blühende Sorten, und die Revolution begann. Von diesem Augenblick an nahm die Entwicklung ihren Lauf, und die Rose hat nie mehr wie früher ausgesehen.

Diese Revolution bezog sich nicht nur auf die Eigenschaft des wiederholten Blühens. Die China-Rose mit ihrer Verbindung zu *R. gigantea* war eine völlig andere Rose. Während die europäischen Rosen grob gemaserte Blätter und viele Stacheln haben, haben die China-Rosen glatte Blätter und wenig Stacheln. Außerdem war der Charakter der China-Rosen ein ganz anderer. Dies barg viele unglaubliche Möglichkeiten, aber auch, wie so oft bei solchen Möglichkeiten, gewisse Gefahren. Auf diese werde ich später zu sprechen kommen.

'Slater's Crimson China' brachte die satteren und klareren Rottöne, die wir heute bei vielen Rosen finden. Zuvor verwandelten sich die Karmesintöne unvermeidlich in Purpur und Mauve, wenngleich dies oft eine sehr schöne Wirkung hatte. 'Parks' Yellow' erfreute uns mit den größeren, dickeren und weicheren Blütenblättern von *R. gigantea*. Sie schenkte uns auch den typischen Teerosenduft und Gelbtöne, allerdings kein sattes Gelb.

Als das chinesische Erbe begann, sich mit den Gallica- und Damascena-Rosen zu vermischen, entstand eine große Auswahl neuer Sorten. Die meisten von ihnen hatten die Eigenschaft, wiederholt zu blühen, wenn nicht immer üppig, so doch wenigstens bis zu einem gewissen Grade.

In diesem Kapitel behandeln wir die verschiedenen Klassen derjenigen Rosen, deren Blüten, obwohl sie einen starken China-Einfluß zeigen, den echten Alten Rosen im Charakter immer noch sehr ähnlich sind und die immer noch eher als Sträucher und weniger als Büsche anzusehen sind. Es sind die Portland-Rosen, die Bourbon-Rosen, die Remontant-Rosen ('Hybrid Perpetuals') und die Teerosen sowie die China-Rosen selbst; obwohl Zweifel bestehen, ob die Portland-Rosen wirklich chinesische ›Vorfahren‹ haben – zumindest bei den frühen Sorten. Bei allen diesen Rosen ähnelt das Laub eher dem der China-Rosen als dem der europäischen Rosen, und sie sehen in der Tat eher aus wie Moderne Rosen, obwohl die Blüten immer noch die dicke, geöffnete Form der Alten Rosen haben.

Dieser zweite Teil der Geschichte der Alten Rosen hat etwas Unvollendetes. Die Blütenform und der strauchige Wuchs der Alten Rosen wurde von den spitzen Knospen und dem niedrigen, buschigen Wuchs der Teehybriden in den Schatten gestellt, ehe die Züchter das Potential der Alten Rosen voll ausschöpfen konnten. Leider war es den beiden Arten nicht vergönnt, sich nebeneinander zu entwickeln, aber es sollte wohl nicht sein. Trotz alledem haben wir unter diesen Rosen ein paar sehr wertvolle Sorten, und es wäre traurig, wenn sie verlorengingen. Glücklicherweise stehen die Dinge heute so, daß diese Gefahr kaum besteht.

Was die Kultivierung dieser Rosen betrifft, so sollte man sich bewußt machen, daß es sich dabei um wiederholt blühende Rosen handelt und daß sie wegen ihrer größeren ›Leistung‹ mehr Pflege erfordern. Sie brauchen bessere Böden und intensivere Düngung. Schädlingsbekämpfung ist sehr wichtig. Die älteren, einmal blühenden Rosen kann man pflanzen und dann mehr oder weniger vergessen. Bei wiederholt blühenden Rosen geht dies nicht, wenn wir befriedigende Ergebnisse erzielen wollen.

Nun, da wir uns mit wiederholt blühenden Rosen befassen, gewinnt das Zurückschneiden an Bedeutung. Gewöhnlich wird empfohlen, den Rückschnitt im März vorzunehmen, aber es gibt viele gute Gründe, dies schon im Dezember zu tun. Das hat nämlich den Vorteil, daß die jungen Augen für die neuen Triebe nicht weggeschnitten werden; es erspart der Pflanze, sie neu bilden zu müssen. Der Rückschnitt im Dezember führt dazu, daß die Rose früher blüht und läßt der Pflanze genügend Zeit, einen zweiten Blütenflor hervorzubringen, und zwar bevor der Boden austrocknen kann. Früher Rückschnitt ist besonders in nördlichen Breiten zu empfehlen, wo die Wachstumsperiode kürzer ist. Da es sich bei diesen

MADAME ISAAC PEREIRE, *Bourbon-Rose. Eine üppige Blüte, die ihre Schönheit besonders im Herbst entfaltet.*

Rosen um strauchige Pflanzen handelt, blühen sie nur zögerlich ein zweites Mal. Starke Haupttriebe sollten um etwa ein Drittel ihrer Länge, die kurzen Nebentriebe hingegen bis auf zwei oder drei Augen zurückgeschnitten werden. Gleichzeitig sollte altes und abgestorbenes Holz ganz entfernt werden, wobei immer darauf zu achten ist, die Rose zu einem gefälligen Strauch zu formen.

# China-Rosen

China-Rosen unterscheiden sich von den meisten anderen Gartenrosen, selbst von den ungezählten Vorfahren, von denen sie abstammen. Sie sind durchweg schwächer im Wuchs. Das liegt vielleicht daran, daß sie diploid sind, im Gegensatz zur Mehrheit der Gartenrosen, die tetraploid sind, d.h. ihre Zellen enthalten zwei Paare von Chromosomen, während vier Paare die Regel sind, was zu größeren Zellen und kräftigerem Wuchs führt. China-Rosen haben einen zierlichen, zweigigen Wuchs und eher spärliche Belaubung mit spitzen Blättern, wie die schwachwüchsige Version einer Teehybride. Die jungen Triebe und Blätter sind rötlich getönt. Die Blüten sind weder besonders auffällig noch besonders schön geformt, aber sie haben doch einen gewissen Charme. Sie haben eine außergewöhnliche Kraft, wiederholt zu blühen, und sind selten während des Sommers ohne Blüten. Ihre Farben haben die außergewöhnliche Eigenschaft, mit der Zeit immer intensiver zu werden, anstatt zu verblassen, wie wir es von den europäischen Rosen kennen.

Noch bis vor kurzem lag die Herkunft der China-Rosen im Dunkeln. Wir kennen die ersten vier Sorten, die wir in der Einleitung zu diesem Kapitel besprochen haben, aber über die Wildform wissen wir nichts. Obwohl ich noch nicht ganz sicher bin, glaube ich, daß diese Wildrose nun von Mikinori Ogisu, Tokio, in der chinesischen Provinz Szetschuan entdeckt worden ist. Ein Foto dieser Rose wurde 1986 im September-Heft von *The Rose*, der Zeitschrift der Royal National Rose Society, im Rahmen eines Beitrags von Graham Thomas veröffentlicht. Ogisu schreibt, daß sie in Bäume wächst und dabei eine Höhe von über 3 m erreicht und daß sie Blüten mit einem Durchmesser von 5 bis 6 cm trägt, deren Farbe von Rosa bis Karmesinrot variiert – wobei die Blütenfarbe um so intensiver ist, je höher der Standort der Rose liegt. Zuvor war diese Rose schon 1884 von Dr. Augustine Henry entdeckt und 1902 in *The Gardener's Chronicle* beschrieben und als Zeichnung abgebildet worden. Die Wildrose heißt *R. chinensis* var. 'Spontanea'. Wenn diese Wildrose eines Tages bei uns verfügbar sein wird, wird sie von großem Interesse für alle sein, die sich mit der Entwicklung der Rose beschäftigen.

Die China-Rosen unserer Gärten sind je nach den Standortbedingungen, unter denen sie kultiviert werden, sehr unterschiedlich. An einem offenen Standort werden sie in Großbritannien kaum höher als 50 bis 70 cm, obwohl sie unter günstigeren Bedingungen erheblich größer werden können. In wärmeren Ländern können sie hohe Sträucher von 1,80 m Höhe und mehr bilden. Als Standort wählt man am besten eine eher geschützte Ecke des Gartens, möglichst im Schutz einer Südwand, die den Wind abhält. An einem solchen Standort erreichen sie eher ihre maximale Höhe. Dies soll nicht heißen, China-Rosen seien nicht winterhart, im Gegenteil, man kann sich darauf verlassen, daß sie britische Winter überstehen, abgesehen von den allerkältesten.

Durch ihren lichten Wuchs und ihre zierlichen Blüten vertragen sie sich besonders gut mit anderen Pflanzen, vor allem dort, wo etwas Größeres und Robusteres unpassend wäre. China-Rosen bevorzugen fruchtbaren, zumindest gut gedüngten Boden. Aber im Gegensatz zu anderen Rosen, die in diesem Kapitel beschrieben werden, vertragen sie keinen harten Rückschnitt. Dieser sollte nur die Form des Strauches erhalten und totes oder altes Holz entfernen.

COMTESSE DU CAYLA. Ein zierlicher kleiner Strauch von knapp 1 m Höhe mit fast einfachen Blüten in wechselnden Farbtönungen von kupfrigem Rosa, das schließlich lachsrosa wird mit gelblicher Schattierung an der Basis der Blütenblätter. Das junge Laub ist purpur-bronzefarben. Teerosenduft. Gezüchtet von P. Guillot (Frankreich), 1902.

CRAMOISI SUPÉRIEUR. Kleine, schalenförmige, duftende Blüten von einem nicht verblassenden Karmesinrot erscheinen in kleinen Büscheln. Der Wuchs ist niedrig und verzweigt, an einem warmen Standort knapp 1 m hoch. Es gibt auch eine gute Kletterform, 'Cramoisi Supérieur Grimpante'. Gezüchtet und eingeführt von Coquereau, 1832.

FABVIER ('Madame Fabvier', 'Colonel Fabvier'). Eine kleine Pflanze von niedrigem Wuchs von ungefähr 30 cm Höhe, ähnelt im Wuchs einer Polyantha-Rose. Die Blüten sind klein und von leuchtendem Scharlachrot mit einem weißen Streifen in den Blütenblättern. Sie blüht ausdauernd, und die Blütenblätter fallen ab, bevor sie verblassen, was ihr stets ein leuchtendes Aussehen gibt. Laffay (Frankreich), 1832.

HERMOSA. Dieser Rose ist deutlich anzusehen, daß es sich um eine Hybride mit einer China-Rose handelt, ohne daß wir wissen, wer der andere Elternteil war. Mit Sicherheit ist sie eine prächtige kleine Rose. 'Hermosa' ähnelt im Aussehen einer Bourbon-Rose, sie ist jedoch insgesamt kleiner und zarter. Der Wuchs ist verzweigt und steifer als bei den meisten China-Rosen. Sie trägt kleine, lilarosa Blüten von einer hübschen Schalenform. Sie werden mit bewunderungswürdiger Regelmäßigkeit den ganzen Sommer über hervorgebracht. Schwacher Duft. Gezüchtet und eingeführt von Marcheseau (Frankreich), 1840. Abbildungen Seite 74 und 77.

OLD BLUSH CHINA, *ein schöner Strauch für den Garten.*

HERMOSA, *eine China-Rose mit kleinen Blüten.*

MUTABILIS, *eine China-Rose, die gut zu Rittersporn und Geranium (Storchschnabel) paßt.*

LE VÉSUVE ('Lemesle'). Zierlich gerollte Knospen wie bei einer Teerose, von weichem cremigem Rosa, das mit der Zeit allmählich dunkler wird und schließlich eine karminrote Tönung annimmt. Die Blüten duften wie die einer Teerose und werden fortwährend an einem verzweigten Busch hervorgebracht, der an einem warmen, geschützten Standort eine Höhe von 1,50 m erreichen kann, obwohl eine Höhe von etwa 1 m normal ist. Eingeführt von Laffay (Frankreich), 1825.

MADAME LAURETTE MESSIMY. Lange, schlanke Knospen mit nur wenigen Blütenblättern, die sich schnell öffnen. Sie sind anfangs lachsrosa, an der Basis kupfrig getönt, die geöffnete Blüte verblaßt schnell. Sie ist das Ergebnis einer Kreuzung von 'Rival de Paestum' mit der Teerose 'Madame Falcot' und sieht in der Tat wie eine Teerose aus. An einem warmen Standort kann sie eine Höhe von 1,20 m erreichen. Gezüchtet von Guillot Fils (Frankreich), 1887.

MUTABILIS ('Tipo Ideale'). Wird oft fälschlich als *Rosa turkestanica* bezeichnet. Sie wetteifert mit 'Old Blush China' um den ersten Rang als Strauch für den Garten. Ihre spitzen, kupferroten Knospen öffnen sich zu einfachen, kupfriggelben Blüten von der Zartheit eines Schmetterlings. Sie färben sich bald rosa und schließlich fast karmesinrot. An einem warmen, geschützten Standort kann sie eine Höhe von 2,40 m erreichen und so beständig blühen wie jede andere Rose. An einem ungeschützten Standort bleibt sie oft klein und schwach. Es wäre interessant, ihre Herkunft zu kennen, aber leider ist dieses Wissen verlorengegangen. Abbildung Seite 75.

OLD BLUSH CHINA ('Parsons' Pink China'). Dies ist ein sehr guter Strauch für den Garten, mit verzweigtem, aber ziemlich robustem Wuchs und zierlichen Blüten in kleinen Büscheln. Diese werden den ganzen Sommer über hervorgebracht, vom Beginn der Saison an bis spät in den Herbst hinein, weshalb sie früher 'Monatsrose' genannt wurde. Die Blüten sind nicht groß und recht locker. Ihre Farbe ist ein blasses Rosa, das mit der Zeit nachdunkelt. Der Busch erreicht gewöhnlich eine Höhe von etwa 1,20 m, kann unter günstigen Bedingungen aber erheblich größer werden. Ich habe ein 3,50 m hohes Exemplar an einer Wand im warmen Klima von Pembrokeshire gesehen. Sie hat einen angenehmen Duft, der dem von Wicken ähnelt. In England eingeführt 1789. Abbildung Seite 74.

RIVAL DE PAESTUM. Lange, spitze, zartrosa getönte Knospen öffnen sich zu halbgefüllten elfenbeinweißen Blüten, die elegant an einem Strauch von etwa 1,20 m Höhe zu schweben scheinen. Wird manchmal zu den Teerosen gezählt. Gezüchtet von G. Paul, 1863.

HERMOSA, *eine winterharte, zuverlässig remontierende China-Rose.*

SOPHIE'S PERPETUAL. Eine wunderschöne Rose, die in einem alten Garten gefunden wurde, ihren Namen von Humphrey Brooke erhielt und 1960 wieder eingeführt wurde. Die Blüten sind ziemlich klein, von hübscher Schalenform und erscheinen in kleinen Büscheln in einem dunklen Rosa. Kräftiger Wuchs mit wenig Stacheln und dunkelgrünem Laub. Sie kann eine Höhe von 1,80 m erreichen und eignet sich gut als Kletterrose. Offensichtlich eine Hybride.

VIRIDIFLORA (die 'Grüne Rose'). Diese Rose hat überhaupt keine Blütenblätter. Diese werden durch zahlreiche grüne Kelchblätter ersetzt, die ihr das Aussehen einer grünen Rose geben. Sie ist zweifellos ein Sport von 'Old Blush China', der sie im Wuchs sehr ähnlich ist. Als Gartenpflanze hat sie nur geringen Wert, höchstens als Kuriosität. Sie eignet sich allerdings recht gut für Blumenarrangements. Eingeführt 1855.

ARTHUR DE SANSAL, *diese und 'Rose de Rescht' sind außergewöhnlich dunkle Portland-Rosen, beide zeigen ihre Abstammung von der Gallica-Rose.*

# Portland-Rosen

Die Portland-Rosen waren die ersten Gartenrosen, bei denen die China-Rose eine Rolle spielte, indem sie ihnen die Eigenschaft des Remontierens vererbte. Die Zeit ihrer Popularität war nur kurz, denn sie wurden bald in den Schatten gestellt, zunächst von den Bourbon-Rosen, wenig später von den Remontant-Rosen ('Hybrid Perpetuals'). Im Jahre 1848 allerdings wurden in Kew vierundachtzig Sorten kultiviert. Heute ist uns davon nur noch eine Handvoll geblieben, trotzdem bilden die Portland-Rosen eine nicht unbedeutende Klasse, sowohl wegen ihrer Schönheit wie auch als Eltern der Remontant-Rosen.

Die Herkunft der Portland-Rosen liegt im Dunkeln, und die meisten Autoren gehen auf dieses Thema nicht ein. Aber immerhin wissen wir, daß um das Jahr 1800 die Herzogin von Portland eine Rose namens *Rosa paestana* oder 'Scarlet Four Seasons' Rose' aus Italien erwarb und daß es diese Rose war, aus der sich die Gruppe der Portland-Rosen entwickelte. Sie blühte wiederholt, und man nahm an, daß sie eine Kreuzung einer Gallica-Rose mit der wiederholt blühenden Herbst-Damascena-Rose sei.

78

Dies ist allerdings unwahrscheinlich, sie könnte jedoch der Sämling einer solchen Rose gewesen sein. Hurst hatte anscheinend wenig dazu zu sagen, immerhin bemerkte er, daß die Rose in Redoutés Druck von 1817 im Aussehen an eine China-Damascena-Gallica-Hybride erinnert. Ich vermute, daß Hurst die Pflanze selbst nicht hat wachsen sehen. Man könnte annehmen, daß ein gewisser China-Einfluß besteht (vielleicht 'Slater's Crimson China'), obwohl die Pflanze kaum Anzeichen davon zeigt. Ist dies der Fall, gibt es zwei Möglichkeiten, warum sie remontiert. Die Portland-Rose wurde von England nach Frankreich gebracht, wo André Dupont, der Gärtner von Kaiserin Josephine, ihr den Namen 'Duchess of Portland' gab, und es dauerte nicht lange, bis die Franzosen viele verschiedene Sorten gezüchtet hatten.

Portland-Rosen sind nicht schwer zu erkennen. Gewöhnlich zeigen sie starken Damascena-Einfluß, sie sind aber niedriger im Wuchs, etwa 1,20 m hoch. Die Blüten haben ziemlich kurze Stiele, so daß sich die Blätter dicht um die Blüte gruppieren, was Graham Thomas eine Blattrosette nennt.

Man kann nicht unbedingt sagen, daß ihr aufrechter Wuchs gefällig ist, trotzdem eignen sich Portland-Rosen gut für kleinere Gärten, denn sie bilden kleine, kompakte Sträucher. Ihr Vorzug liegt darin, daß sie viel

ROSE DE RESCHT, *eine kräftige, buschige Portland-Rose, die gut remontiert.*

vom Charakter der echten Alten Rosen bewahrt haben, und in ihrem intensiven Damascena-Duft. Die Eigenschaft, wiederholt zu blühen, ist keineswegs zuverlässig und schwankt von Sorte zu Sorte ziemlich stark. Bei den meisten kann man allerdings damit rechnen, daß sie später in der Saison nochmals blühen, wobei viele sogar wunderschöne Blüten wie die der Alten Rosen hervorbringen.

ARTHUR DE SANSAL. Ein kompakter, aufrechter Strauch mit üppigem Laub, bei dem sich reizende Knospen zu flachen, hübsch geformten, dicht gefüllten Blüten von dunklem Karmesinpurpur öffnen, wobei die Unterseiten der Blütenblätter etwas blasser sind. Gewöhnlich zeigen sie in der Mitte ein Knopfauge. Intensiv duftend. Höhe knapp 1 m. Gezüchtet von Cartier (Frankreich), 1855. Abbildung Seite 78.

BLANC DE VIBERT. Die Blüten dieser Sorte sind weiß, schalenförmig mit vielen Blütenblättern und kräftigem Duft. Sie bildet einen aufrechten Busch mit üppigem blaßgrünem Damascena-Laub. Höhe knapp 1 m. Gezüchtet von Vibert (Frankreich), eingeführt 1847.

COMTE DE CHAMBORD. Sehr dicht gefüllte geviertelte Blüten von prächtigem, klarem Rosa mit einem herrlichen Damascena-Duft. Der Wuchs ist kräftig und ziemlich aufrecht, etwa 1,20 m hoch, mit üppigem Laub, wobei die Blätter, typisch für die Portland-Rosen, bis an die Blüten heranreichen. Hier haben wir eine Rose, die den wahren Charakter der Alten Rosen bewahrt und dennoch zugleich zuverlässig remontiert. Eine der besten und schönsten dieser Klasse. Gezüchtet von Moreau-Robert (Frankreich), eingeführt 1860.

DELAMBRE. Ein kompakter Busch mit dicht gefüllten Blüten von dunklem Rosa vor reichlich dunkelgrünem Laub. Höhe knapp 1 m. Gezüchtet von Moreau-Robert (Frankreich), 1863.

DIE PORTLAND-ROSE (die 'Scarlet Four Seasons' Rose'). Sie bildet einen ausgezeichneten, buschigen, sich stark ausbreitenden Strauch von knapp 1 m Höhe mit üppigem Laub. Die halbgefüllten Blüten von hellem Karmesinrot mit auffälligen gelben Staubgefäßen öffnen sich weit. Ein guter Strauch für den Garten sowohl für den Sommer als auch für den Herbst. Intensiver Damascena-Duft. Abbildung Seite 82.

INDIGO. Eine wunderschöne, dunkel-purpurrote Rose mit großen Blüten. Der Wuchs ist aufrecht und kräftig. Höhe etwa 1,20 m. Um 1830.

JACQUES CARTIER. Ist 'Comte de Chambord' sehr ähnlich, vielleicht sind die hübsch geformten, dicht gefüllten Blüten noch ein wenig zarter,

COMTE DE CHAMBORD, *eine der schönsten Portland-Rosen.*

allerdings remontiert sie nicht so zuverlässig. Die Blütenfarbe ist von demselben klaren Rosa, das mit der Zeit etwas verblaßt, und sie hat ebenfalls ein Knopfauge in der Mitte. Der Wuchs ist kompakt und aufrecht mit hellgrünem Damascena-Laub. Starker Duft. Höhe etwa 1 m. Gezüchtet von Moreau-Robert (Frankreich), eingeführt 1868. Abbildung Seite 83.

JAMES VEITCH. Dies ist eine hervorragende Sorte, die Blüten sind purpurrot mit schiefergrauer Schattierung – eine wirklich wunderschöne Farbe. Sie ist eine starkwüchsige kleine Pflanze, die problemlos wiederholt blüht. Es handelt sich offensichtlich um eine Kreuzung mit einer Moos-Rose, obwohl die Knospen kaum Moos zeigen. Ich glaube aber, daß sie durch die Art, wie sie wächst, gut hier eingeordnet werden kann. Höhe knapp 1 m. Verdier (Frankreich), 1865.

MARBRÉE. Blüten von dunklem Purpurrosa, das mit einem blasseren Rosa gesprenkelt ist, öffnen sich flach. Der Wuchs ist für eine Portland-Rose kräftig und hoch, mit einer Fülle von dunkelgrünem Laub. Leichter Duft. Höhe etwa 1,20 m. Gezüchtet von Moreau-Robert (Frankreich), 1858.

PERGOLÉSE. Mittelgroße, dicht gefüllte, duftende Blüten von Purpur-Karmesinrot, das mit der Zeit zu Mauve verblaßt. Sie erscheinen in kleinen Büscheln an einem buschigen, aufrechten Strauch mit üppigem dunkelgrünem Laub. Höhe knapp 1 m. Gezüchtet von Moreau-Robert (Frankreich), eingeführt 1860.

ROSE DE RESCHT. Ein hübscher, buschiger Strauch mit ziemlich kleinen, hübsch geformten, dicht mit Blütenblättern gefüllten Blüten. Die purpurkarmesinroten Blüten stehen an kurzen Stielen und heben sich gut vor dem üppigen, grobgemaserten, dunkelgrünen Laub ab. Blüten und Blätter zeigen Gallica-Einfluß, da sie aber ein zweites Mal blüht, erscheint ihre Einordnung hier richtig. Duftend. Höhe knapp 1 m. Von Miss Nancy Lindsay aus dem Iran oder aus Frankreich nach England gebracht. Abbildung Seite 79.

ROSE DU ROI ('Lee's Crimson Perpetual'). Eine interessante kleine Rose, die auf unsere Modernen Rosen bedeutenden Einfluß ausgeübt hat. Sie schenkte uns das klare Rot, zunächst bei den Remontant-Rosen, später

DIE PORTLAND-ROSE. *Sie hatte sehr großen Einfluß auf die Entwicklung der Rose.*

JACQUES CARTIER, *eine der reizvollsten Portland-Rosen.*

bei unseren heutigen Teehybriden. Sie bildet einen niedrigen, eher breitwüchsigen Busch und ist nicht besonders robust. Die Blüten sind locker gefüllt, karmesinrot mit Purpur gefleckt. Kräftiger Duft. Sie blüht wiederholt und ist alles in allem eine lohnende Sorte. Gezüchtet von Lelieur (Frankreich), eingeführt von Souchet, 1815.

ROSE DU ROI À FLEURS POURPRES ('Roi des Pourpres', 'Mogador'). Angeblich ein Sport von 'Rose du Roi', ihr Aussehen läßt daran allerdings einige Zweifel aufkommen. Sie ist eine hübsche kleine Rose mit locker gefüllten, purpurroten Blüten. Der Wuchs ist eher breit, dabei wird sie bei günstigen Bedingungen knapp 1 m hoch. Eingeführt 1819.

# Bourbon-Rosen

Die Geschichte der Bourbon-Rosen ist ein faszinierendes Thema und veranschaulicht sehr gut, daß die verschiedenen Fortschritte in der Entwicklung der frühen Rosen immer dem Zufall zu verdanken waren. Solche Ereignisse kommen manchmal an Orten vor, die man für höchst unwahrscheinlich halten würde. Diese Rosen haben ihren Namen nach der Île de Bourbon, einer kleinen Insel nahe Mauritius im Indischen Ozean, dem heutigen Réunion. Es heißt, die Bauern dieser Insel pflegten die Herbst-Damascena-Rose und 'Old Blush China' gemeinsam als Hekken zu pflanzen. Wo so viele Rosen in enger Nachbarschaft zusammen wachsen, besteht immer die Möglichkeit, daß eine Hybride entsteht, und genau dies geschah. Der Botaniker Bréon aus Paris entdeckte im Garten eines gewissen A. M. Perchern eine Rose, die eine Mischung aus der Herbst-Damascena-Rose und 'Old Blush China' war und auf der Insel schon einige Jahre lang unter dem Namen 'Rose Édward' kultiviert wurde. Bréon schickte Samen dieser Rose an seinen Freund Jacques, den Gärtner des Königs Louis-Philippe, der daraus eine Rose mit dem Namen 'Rosier de l'Île de Bourbon' zog. 1823 wurde diese Rose in Frankreich verkauft, zwei Jahre später auch in England. Über die frühen Sorten dieser Rosenklasse ist nicht viel bekannt, denn damals erfolgte das Züchten noch durch das vom Zufall abhängige Sammeln von Samen, wir müssen aber davon ausgehen, daß noch einige andere Rosen an ihrer Entwicklung beteiligt waren.

Die Bourbon-Rosen bilden den ersten wichtigen Schritt in Richtung auf unsere Modernen Rosen. Ihre Blüten haben noch den Charakter der Alten Rosen und ihren intensiven Duft, auch deren strauchigen, robusten Wuchs, aber die Blätter und Triebe sehen nun mehr wie Teehybriden aus, und fast alle sind remontierend. So ist in ihnen etwas vom Besten beider Familien vereint. Zu den Bourbon-Rosen gehören einige der schönsten Rosen.

Bei den Bourbon-Rosen ist der Rückschnitt besonders wichtig, vor allem, wenn wir ihre Fähigkeit, ein zweites Mal zu blühen, nutzen wollen. Seitentriebe sollten bis auf drei Augen zurückgeschnitten werden, starke Haupttriebe um ein Drittel. Im Laufe der Jahre sollte altes und totes Holz ebenfalls entfernt werden. Eine großzügige Gabe von Stallmist oder Kompost sowie von Rosendünger im März und nochmals nach der ersten Blüte verbessert das Wachstum spürbar. Außerdem ist es sehr wichtig, verwelkte Blüten sofort zu entfernen.

ADAM MESSERICH. Sie entstand erst spät. Ein Elternteil war eine Teehybride, was deutlich an ihrem Wuchs und Laub zu erkennen ist – man könnte fast sagen, daß sie überhaupt keine Bourbon-Rose ist. Dies sollte uns aber nicht beunruhigen, denn sie bildet einen ausgezeichneten Strauch, der sich auch gut als Kletterrose oder als Rose für Pergolen eignet. Sie ist sehr starkwüchsig und bildet von der Basis her lange, leicht überhängende, fast stachellose Triebe. Die Blüten sind groß, halb gefüllt, leicht schalenförmig und von dunklem, weichem Rosa. Der Duft ist intensiv und fruchtig, manche sagen, sie dufte nach Himbeeren. Im Frühsommer blüht sie reichlich, später bringt sie nur noch gelegentlich Blüten hervor. Höhe 1,50 m. Gezüchtet von P. Lambert (Deutschland), eingeführt 1920.

BOULE DE NEIGE. Ein schlanker, aufrechter Strauch von etwa 1,50 m Höhe, dessen hübsches dunkelgrünes Laub die Abstammung von einer Teerose verrät. Die Blüten erscheinen in kleinen Büscheln, und die kleinen, runden, karmesinrot schattierten Knospen öffnen sich zu perfekt geformten rahmweißen Blüten von zarter Frische. Die Blütenblätter biegen sich allmählich zurück und bilden einen Pompon. Dazu kommt ein kräftiger Duft, und wir haben eine der bezauberndsten weißen Alten Rosen. Bourbon-Rose 'Blanche Lafitte' gekreuzt mit der Teehybride 'Sappho'. Gezüchtet von Lacharme (Frankreich), 1867. Abbildung Seite 87.

BOURBON QUEEN, *eine Bourbon-Rose mit intensivem Duft.*

COMMANDANT BEAUREPAIRE, *eine gestreifte und gefleckte Bourbon-Rose.*

BOURBON QUEEN ('Queen of the Bourbons', 'Reine des Îles Bourbon'). Eine Rose, die häufig in alten Gärten nach vielen, vielen Jahren zu finden ist. Man kultiviert sie entweder als hohen, ziemlich lockeren Strauch von bis zu 1,80 m Höhe oder als Kletterrose; an einer Wand kann sie eine Höhe von 3 bis 4 m erreichen. Die schalenförmigen Blüten sind ziemlich locker geformt mit auffälligen Staubgefäßen und gekräuselten Blütenblättern. Ihre Farbe ist ein mittleres, dunkel geädertes Rosa, das zu den Rändern hin verblaßt. Intensiver Duft. Gezüchtet von Mauget (Frankreich), eingeführt 1834. Abbildung Seite 85.

COMMANDANT BEAUREPAIRE ('Panachée d'Angers'). Die drei Bourbon-Rosen mit gestreiften Blüten – 'Commandant Beaurepaire', 'Honorine de Brabant' und 'Variegata di Bologna' – sind sich alle ziemlich ähnlich. Diese Sorte ist wegen ihrer reizenden Farbmischung erwähnenswert: Karminrosa gefleckt und gestreift mit Mauve, Purpur, Scharlachrot und Blaßrosa, und dies in so vielen Variationen, daß sie auf ein Dutzend verschiedene Weisen beschrieben werden könnte. Diese Farben wirken am besten bei kühlem Wetter, bei praller Sonne sehen sie eher verschwommen aus. Die flachen schalenförmigen, intensiv duftenden Blüten werden reichlich

BOULE DE NEIGE, *Bourbon-Rose. Eine der vollkommensten weißen Rosen.* ▷

HONORINE DE BRABANT, *eine Bourbon-Rose mit intensivem Duft.*

hervorgebracht. Diese Rose bildet einen dichten, laubreichen, stark-wüchsigen Busch, der zur Zeit des Rückschnitts etwas ausgedünnt werden muß, damit sich die Blüten voll entwickeln können. Höhe etwa 1,50 m und ebenso breit. Blüht nur im Frühsommer. Gezüchtet von Moreau-Robert (Frankreich), 1874. Abbildung Seite 86.

COUPE D'HÉBÉ. Schalenförmige Blüten von blassem Rosa öffnen sich gefüllt und leicht geviertelt. Der Wuchs ist hoch, schmal und fast zu aufrecht, mit hellgrünem Laub. Sie kann als Kletterrose gezogen werden. Gezüchtet durch Kreuzung einer Bourbon-Hybride mit einer China-Hybride. Laffay (Frankreich), 1840.

HONORINE DE BRABANT. Diese Rose ähnelt 'Commandant Beaurepaire', ist aber blasser in der Farbe – hellrosa gesprenkelt mit Spuren von Karmesinrot und Purpur. Gegenüber 'Commandant Beaurepaire' hat sie den Vorteil, daß sie besser remontiert, dabei sind die späten Blüten in dem weniger intensiven Sonnenlicht des Spätsommers besonders schön. Sie haben die Form einer flachen Schale, öffnen sich geviertelt und sind stark duftend. Der Wuchs ist robust und buschig, ungefähr 1,80 m hoch, mit üppigem Laub. Eignet sich auch als Kletterrose.

KRONPRINZESSIN VIKTORIA. Diese Rose ist ein Sport von 'Souvenir de la Malmaison' (siehe unten) und dieser sehr ähnlich, abgesehen davon, daß die Blüten rahmweiß sind mit einer zarten, zitronengelben Schattierung.

Die Farbe verliert sich schnell bei feuchter Witterung, und nach meiner Erfahrung ist sie weniger kräftig als die der Elternsorte. Diese Sorte sollte man nur kultivieren, wenn man ihr außergewöhnlich intensive Pflege angedeihen lassen kann. Gezüchtet 1887, eingeführt von Späth, Berlin.

LOUISE ODIER. Diese Rose ist 'Reine Victoria' sehr ähnlich. Sie hat alle ihre Vorzüge, ist aber robuster und buschiger im Wuchs. Die Blüten haben eine wunderschöne Form, sind anfangs schalenförmig und öffnen sich dann flacher und hübscher gerundet, dabei hat jedes Blütenblatt genau seinen Platz. Ihre Farbe ist ein reizvolles warmes Rosa, und sie haben einen intensiven Duft. Wie 'Reine Victoria' blüht sie gut den ganzen Sommer über. Für meine Begriffe ist sie die schönste der remontierenden Alten Rosen. Höhe 1,50 m. Ich habe diese Rose bei Züchtungen verwendet, und die Ergebnisse deuten darauf hin, daß sie etwas ›Noisette-Blut‹ in ihren ›Adern‹ hat. Gezüchtet von Margottin (Frankreich), eingeführt 1851. Abbildung Seite 90.

MADAME ERNST CALVAT. Ein Sport von 'Madame Isaac Pereire' (siehe unten). Sie ist ihr sehr ähnlich außer in der Farbe, welche von einem mittleren Rosa ist. Für meine Begriffe ist diese Farbe nicht ganz so attraktiv wie die dunklere Schattierung der Elternsorte, sie läßt sie manchmal ziemlich plump aussehen, aber wie so oft bei Rosen finden wir bei ihr gelegentlich eine perfekte Blüte, besonders im Herbst, und diese allein lohnt ihre Kultivierung. Sie hat denselben kräftigen Wuchs und den intensiven Duft wie 'Madame Isaac Pereire'. Höhe etwa 1,80 m. Entdeckt von Vve. Schwartz (Frankreich), 1888.

MADAME ISAAC PEREIRE. Ein starkwüchsiger Strauch von über 2 m Höhe mit großen, dicken, dunkelgrünen Blättern. Die Blüten sind außerordentlich groß, ungefähr 12 cm im Durchmesser. Sie sind zunächst schalenförmig und geviertelt, die Blütenblätter biegen sich an den Rändern zurück. Sie sind von einem sehr dunklen Rosa, das mit Magenta schattiert ist, eine sehr effektvolle Farbmischung. Ihr Duft ist schwer und köstlich. Sie blüht bis in den Herbst hinein und bringt dann einige ihrer schönsten Blüten hervor. Eine üppige Schönheit, besonders, wenn sie richtig kultiviert wird. Über die Abstammung ist nichts bekannt. Gezüchtet von Garçon (Frankreich), 1881. Abbildung Seite 71.

MADAME LAURIOL DE BARNY. Eine wunderschöne Rose mit seidigen, geviertelten, köstlich duftenden Blüten von silbrigem Rosa. Sie erscheinen in schweren, etwas hängenden Büscheln an einem starkwüchsigen Strauch von etwa 1,80 m Höhe, der auch als Kletterrose gezogen werden kann. Der üppigen Blüte im Sommer folgen nur selten noch spätere Blüten. Gezüchtet von Trouillard (Frankreich), 1868. Abbildung Seite 91.

MADAME PIERRE OGER. Ein Sport von 'Reine Victoria' (siehe unten), der sie in jeder Hinsicht, außer in der Farbe der Blüten gleich ist. Ein blasses, rahmweißes Rosa verleiht den Blüten eine Zartheit, welche selbst die der Elternsorte übertrifft. Die wunderschönen kugelförmigen Blüten wirken wie aus feinstem Porzellan. Bei sehr heißem Wetter wird die Farbe der der Sonne zugewendeten Seite gern etwas dunkler und härter, bei Regen werden die Blütenblätter fleckig. Der Wuchs ist schmal und aufrecht, etwa 1,50 m hoch. Duftend. Entdeckt von A. Oger (Frankreich), 1878. Abbildung Seite 94.

MRS. PAUL. Möglicherweise ein Sämling von 'Madame Isaac Pereire', der sie in vielerlei Hinsicht ähnelt. Sie hat große, zartrosa bis weiße Blüten mit einem intensiven Duft. Der Wuchs ist robust, aber etwas unordentlich und macht eine Stütze erforderlich. Viele große Blätter. Höhe etwa 1,50 m. Gezüchtet von George Paul (England), eingeführt von Paul & Sons 1891.

PRINCE CHARLES. Blüten von dunklem Purpur-Karmesinrot, das sich mit der Zeit fast in Lila verwandelt. Sie sind groß und flach, wenn sie ganz

LOUISE ODIER, *Bourbon-Rose. Ein besonderer Liebling der viktorianischen Zeit und eine der am zuverlässigsten remontierenden Alten Rosen.*

MADAME LAURIOL DE BARNY, *Bourbon-Rose. Strauch- oder Kletterrose von elegantem Wuchs. Vor allem im Herbst reich blühend.*

geöffnet sind, die Blütenblätter sind geädert und gewellt. Der Wuchs ist kräftig, etwa 1,50 m hoch, mit großen Blättern und wenig Stacheln. Der Duft ist nur schwach, und sie blüht nur einmal. Eine der wenigen dunklen Rosen dieser Klasse. Ein Sport oder Sämling von 'Bourbon Queen', eingeführt 1842. Abbildung Seite 93.

REINE VICTORIA. Sie und ihr Sport 'Madame Pierre Oger' sind zwei der schönsten und beliebtesten Rosen dieser Zeit. Beide bilden schlanke Sträucher von etwa 1,50 m Höhe. Die Blüten schweben elegant über dem Laub, was auf eine nahe Verwandtschaft zu den China-Rosen schließen läßt. Die Blüten sind mittelgroß, mehr kugel- als kelchförmig, die Blüten- blätter biegen sich nach innen zur Mitte hin, was einen reizenden, geschlossenen Effekt ergibt, und behalten ihre Form bis sie verwelken. Die Farbe ist außen lilarosa und innen etwas blasser. Nur wenige Alte Rosen blühen so zuverlässig den ganzen Sommer über wie diese Sorte. Leider neigt sie, wie so viele andere, zu Sternrußtau, allerdings nicht stärker, als wir es von der Mehrzahl der Modernen Rosen gewöhnt sind. Duftend. Höhe etwa 1,20 m. Gezüchtet von J. Schwartz (Frankreich), eingeführt 1872. Abbildung Seite 94.

SOUVENIR DE LA MALMAISON. Diese Rose ist als Erinnerung an den berühm- ten Garten der Kaiserin Josephine in Malmaison benannt und eine der beliebtesten Bourbon-Rosen. Sie ist sowohl in Buschform wie auch als Kletterrose zu haben. Wir wollen uns hier nur auf die Buschform konzen- trieren. Diese bildet einen niedrigen, sich stark ausbreitenden Strauch von knapp 1 m Höhe. Die Blüten sind von einem zarten, weißlichen Rosa, das mit der Zeit etwas verblaßt. Sie sind anfangs schalenförmig und werden später flach und ausgeprägt geviertelt und bilden eine große und wunderschöne Blüte von etwa 12 cm Durchmesser mit dem Duft einer Teerose. Gezüchtet 1843 von J. Beluze, Frankreich. Durch eine Kreuzung der Bourbon-Rose 'Madame Desprez' mit einer Teerose hat ihr Laub erwartungsgemäß ein ziemlich modernes Aussehen, die Blüten aber wirken wie die einer echten Alten Rose. Sie remontiert zuverlässig. Der Wuchs ist im Verhältnis zur Größe der Blüten eher zu niedrig, und vielleicht eignet sie sich besser als Kletterrose (sie ist in dem Buch ›Moderne Rosen‹, dem Begleitband zu diesem Buch, im Kapitel ›Kletter- rosen‹ beschrieben). Abbildung Seite 94.

SOUVENIR DE ST. ANNE'S. Ein fast einfach blühender Sport von 'Souvenir de la Malmaison', der im Garten von Lady Ardilaun in St. Anne's in der Nähe von Dublin gefunden wurde. In unserer Rosenschule ist sie nicht sehr groß geworden, Graham Stuart Thomas, der sie eingeführt hat, hat mir jedoch berichtet, daß sie einen stattlichen Strauch von über 2 m Höhe bilden kann. Ich vermute, daß sich eine besonders intensive Pflege

PRINCE CHARLES, *eine der wenigen dunklen Bourbon-Rosen.*

auszahlt. Die großen Blüten haben eine zarte blaßrosa Farbe und ein schönes klares Aussehen. Erstaunlicherweise duftet sie, anders als 'Souvenir de la Malmaison' intensiv. Graham Stuart Thomas erklärt dies mit ihrer Abstammung von *Rosa moschata,* bei der die Staubfäden duften, die Blütenblätter jedoch nicht. Diese Rose hat natürlich Staubfäden, während die Elternsorte keine hat. Eingeführt 1950.

VARIEGATA DI BOLOGNA. Die letzte unseres Trios gestreifter Bourbon-Rosen und etwas jüngerer Herkunft. Sie wurde in Italien von A. Bonfiglioli erst im Jahre 1909 gezüchtet. Die Blüten sind weiß, deutlich mit dunklem Karmesinrot-Purpur gestreift, was ihnen eine Reinheit und Frische verleiht, die besonders bei kühlem Wetter sehr ansprechend ist. Sie sind dicht gefüllt, anfangs kugelig, später schalenförmig und geviertelt und intensiv duftend. Diese Rose hat üppiges Laub und bildet einen dichten Strauch von 1,50 m bis 1,80 m Höhe, oder sie klettert bis in eine Höhe von 3 m. Eine besondere und wunderschöne Rose, die aber anfällig ist für Sternrußtau. Abbildung Seite 95.

ZÉPHIRINE DE DROUHIN. Siehe das Kapitel über Kletterrosen im Begleitband zu diesem Buch.

MADAME PIERRE OGER, *Bourbon-Rose. Ein weiterer Liebling der viktorianischen Zeit.*

SOUVENIR DE LA MALMAISON,
*Bourbon-Rose.*

REINE VICTORIA, *Bourbon-Rose.*

Variegata di Bologna, *eine Bourbon-Rose von frischer Schönheit, die leider nur einmal blüht.*

# Remontant-Rosen ('Hybrid Perpetuals')

Wir kommen nun zur letzten Phase in der Entwicklung der Rose bevor wir zu den Teehybriden gelangen, die natürlich heute die vorherrschenden Rosen sind. Sie haben wahrscheinlich bemerkt, daß keine der bisher beschriebenen Klassen, was ihre Herkunft betrifft, in irgendeiner Weise als rein oder klar abgegrenzt angesehen werden kann, obwohl sie sich in ihrem Wuchs und in ihrem Aussehen durchaus unterscheiden. Für die Remontant-Rosen gilt dies erst recht. Sie lassen sich bestenfalls als eine Idee beschreiben, keinesfalls als Rosen einer bestimmten Herkunft. In der Tat handelt es sich bei ihnen um eine Mischung verschiedener Rosen mit einer bestimmten Zielsetzung – in dieser Zeit kommt Züchtung in großem Stil auf –, wobei die Züchter zahlreiche Sämlinge ziehen in der Hoffnung, unter ihnen sei die ideale Rose. Paul berichtet, der französische Züchter Laffay habe jährlich bis zu 200 000 Sämlinge gezogen – mehr als viele professionelle Züchter heute aufziehen.

Man kann jedoch nicht unbedingt sagen, daß die Züchtung in so großem Umfang zu einem allgemeinen Fortschritt geführt hat, im Gegenteil, mir kommt es eher so vor, als ginge mit dem Beginn der Remontant-Rosen ein Verfall ihrer Schönheit einher. Es trifft zu, daß die Remontant-Rosen, wie der Name erwarten läßt, wiederholt blühen, aber ihr Wuchs ist zu hoch aufgeschossen, schmal und aufrecht, so daß sie sich nicht als Sträucher für den Garten eignen. Ihre Entwicklung stand im Zusammenhang mit dem Aufkommen der Rosenausstellungen, die in der zweiten Hälfte des 19. Jahrhunderts den Höhepunkt ihrer Beliebtheit erreichten. Rosen wurden in Kästen ausgestellt, in denen sechs oder mehr Blüten in gleichmäßigen Abständen angeordnet waren, um jede Blüte einzeln betrachten zu können. Das Wetteifern ging so weit, daß Züchtungen ausschließlich im Hinblick auf die Ausstellungen erfolgten, und die Blüte im Knospenstadium wurde das Ideal der Aussteller. Leider führte dies zu der Meinung, daß es für eine perfekte Blüte nur auf die Knospe ankommt, und der geöffneten Blüte, die heute bei den Alten Rosen so hoch geschätzt wird, wurde kaum Beachtung geschenkt. Leider konzentrierte sich das Interesse der Züchter so sehr auf die Knospe, daß die Pflanze als Ganzes vernachlässigt wurde. Solche Rosen waren ohne Zweifel sehr gut für Ausstellungszwecke geeignet, aber als Gartenpflanzen ließen sie viel zu wünschen übrig.

Dennoch haben sich mehrere wunderschöne Remontant-Rosen erhalten, besonders einige frühe Sorten, und viele davon verdienen ihren Platz im Garten. Auf diese habe ich mich hier konzentriert. Ein oder zwei davon mögen ein etwas plumpes Aussehen haben, aber sie sind wunderschön als Schnittblumen und haben in der Tat mindestens drei Vorzüge: Fast alle duften intensiv, sie blühen wiederholt, und viele von ihnen

haben die Blütenform der Alten Rosen. In dieser Klasse finden wir darüber hinaus Sorten von sattem reinem Karmesinrot, eine bis dahin seltene Blütenfarbe.

Remontant-Rosen brauchen und lohnen großzügige Nährstoffgaben. einige werden, wenn man sie sich selbst überläßt, zu groß, deshalb schneidet man sie am besten auf die Hälfte zurück, um eine vernünftige Proportion und anhaltend schöne Blüten zu bekommen.

BARON GIROD DE L'AIN, *Remontant-Rose mit attraktiven weißen Blütenblatträndern.*

BARONNE ADOLPHE DE ROTHSCHILD, *eine der schönsten Remontant-Rosen und Repräsentantin der anderen wichtigen Klasse der spätviktorianischen Rosen.*

ARRILLAGA. Eine Sorte, die erst sehr spät gezüchtet wurde, mit interessanter Abstammung – (*Rosa centifolia* × 'Mrs John Laing') × 'Frau Karl Druschki' – und deshalb keineswegs eine reine Remontant-Rose, wenn es so etwas überhaupt gibt. Sie bildet einen hohen Strauch, der oft über 1,80 m hoch wird. Die Blüten im Stil der Alten Rosen sind von weichem Rosa und leicht duftend. Der erste Blütenflor ist sehr üppig, danach werden jedoch nur noch vereinzelt Blüten hervorgebracht. Gezüchtet von Schoener (USA), eingeführt 1929.

BARON GIROD DE L'AIN. Ein Sport von 'Eugène Fürst', entdeckt von Reverchon, Frankreich, 1897. Anders als viele Remontant-Rosen bildet sie einen breiten, hübschen Strauch, der kräftig wächst, ohne zu sehr aufzuschießen. Sie hat schöne große Blätter. Wie bei der Elternsorte sind die Blüten von dunklem, sattem Karmesinrot, zusätzlich mit dem ungewöhnlichen, aber reizvollen Merkmal, daß die Ränder der Blütenblätter eine feine weiße Linie aufweisen. Sie sind groß und schalenförmig, sie halten ihre Farbe gut und zeigen dabei die weißen Ränder in vollkommener Weise. Unter günstigen Bedingungen remontiert sie gut, und sie hat einen starken Duft. Höhe etwa 1,20 m. Abbildung Seite 97.

BARONNE ADOLPHE DE ROTHSCHILD ('Baroness Rothschild'). Große, flach schalenförmige Blüten, oft von perfekter Form. Die Blütenblätter biegen sich später zurück. Sie sind von weichem Rosa, das zur Mitte hin dunkler wird. Der Wuchs ist aufrecht, bis etwa 1,20 m hoch, stachelig und mit graugrünem Laub, das wie bei den Portland-Rosen, mit denen sie wahrscheinlich verwandt ist, bis dicht an die Blüten heranwächst. Sie blüht reichlich und wiederholt und hat von den Rosen dieser Klasse mit die schönsten Blüten. Bedauerlicherweise duftet sie kaum. Ein Sport von 'Souvenir de la Reine d'Angleterre'. Entdeckt von Pernet Père (Frankreich), 1868. Abbildung Seite 97.

BARONNE PRÉVOST. Große Blüten im Stil der Alten Rosen öffnen sich flach und geviertelt mit einem kleinen Knopfauge. Ihre Farbe ist ein blasses Rosarot. Der Wuchs ist kräftig und aufrecht, etwa 1,20 m hoch. Duftend. Gezüchtet von M. Desprez (Frankreich), 1842. Abbildung Seite 100.

DUKE OF EDINBURGH. Eine der großartigsten unter den leuchtend roten Remontant-Rosen. Sie bildet einen kräftigen, aufrechten Busch von knapp 1 m Höhe. Die Blüten sind gefüllt, von offener, nach innen gebogener Form und duftend, mit einer recht guten Nachblüte im Herbst. Eine Hybride von 'Général Jacqueminot'. Gezüchtet von George Paul (England), 1868.

EMPEREUR DU MAROC. Diese Sorte ist vor allem wegen der satten Blütenfarbe, einem dunklen, samtigen Kastanien-Karmesinrot, erwähnenswert.

Die Blüten sind nicht besonders groß, öffnen sich flach und geviertelt und sind dicht mit Blütenblättern gefüllt, die sich später zurückbiegen. Stark duftend. Leider ist der Wuchs ziemlich schwach, was oft dazu führt, daß die Blüten spärlich und klein bleiben, deshalb ist eine fachmännische Pflege erforderlich, um ansehnliche Ergebnisse zu erzielen. Das Laub ähnelt dem einer Teerose und ist ziemlich dünn. Nur schwach nachblühend. Höhe knapp 1 m. Ein Sämling von 'Géant des Batailles'. Gezüchtet von Bertrand-Guinoisseau (Frankreich), 1858.

EUGÈNE FÜRST. Große, kugelige Blüten von sattem, samtigem Karmesinpurpur, die Rückseiten der Blütenblätter sind etwas blasser. Sie erscheinen an einem breiten, schön geformten Strauch von etwa 1,20 m Höhe mit großen Blättern. Angenehm duftend. Gezüchtet durch Kreuzung von 'Baron de Bonstetten' mit einer unbenannten Sorte von Soupert & Notting (Luxemburg), 1875.

FERDINAND PICHARD. Eine gestreifte Rose, die man mit den gestreiften Bourbon-Rosen, z.B. mit 'Commandant Beaurepaire', vergleichen kann. Die Blüten sind rosa, mit Karmesinrot gestreift und gefleckt, wobei das Rosa allmählich fast zu Weiß verblaßt, während das Karmesinrot intensiver wird. Sie sind mittelgroß, schalenförmig, nicht sehr dicht gefüllt und duftend. Diese Rose bildet einen für eine Remontant-Rose buschigen Strauch, und mit Unterbrechungen blüht sie nach dem ersten Blütenflor bis in den späten Sommer. Eine der besten gestreiften Sorten, so gut wie ihre gestreiften 'Bourbon-Rivalen', und vielleicht die empfehlenswerteste für den kleineren Garten. Höhe etwa 1,50 m. Sie wurde erst 1921 von R. Tanne, Frankreich, gezüchtet. Wahrscheinlich ist sie ein Sport, wir wissen jedoch nicht von welcher Rose. Abbildung Seite 105.

FISHER & HOLMES ('Fisher Holmes'). Spitze Knospen von Scharlachrot und Karmesin im Stil einer Teehybride, die Blütenfarbe verblaßt schnell. Sie blüht sowohl im Sommer als auch im Herbst und bildet einen robusten Busch von etwa 1,20 m Höhe. Duftend. Gilt als Sämling von 'Maurice Bernardin'. Gezüchtet von Verdier (Frankreich), 1865. Abbildung Seite 104.

FRAU KARL DRUSCHKI ('Snow Queen', 'Reine des Neiges', 'White American Beauty'). Als Kreuzung der Remontant-Rose 'Merveille de Lyon' mit der Teehybride 'Madame Caroline Testout' gehört diese Rose theoretisch zu den Teehybriden, aber ihr Wuchs ist mit bis zu 1,80 m Höhe so hoch, daß es falsch wäre, sie an anderer Stelle einzuordnen. Die Blüten jedoch, weiß mit einem Hauch von Zitronengelb, sind denen einer Teehybride sehr ähnlich, und selbst heute ist es schwer, eine weiße Teehybride zu finden, die schönere Blüten hat. Sie sollte so zurückgeschnitten werden, wie es in der Einleitung zu diesem Kapitel beschrieben ist. Dann bildet sie einen hohen, schmalen, leicht überhängenden Strauch, der sich besonders gut zur Hintergrundbepflanzung eignet. Zwei oder drei Pflanzen ergeben zusammen einen gefälligeren Strauch. Das Laub ist hellgrün. Sie ist ein robuster alter Veteran, muß allerdings etwas gegen Mehltau gespritzt werden. Nur leichter oder kein Duft. Gezüchtet von Lambert (Deutschland), 1901.

GÉNÉRAL JACQUEMINOT ('General Jack', 'Jack Rose'). Bedeutend für die Entwicklung der Modernen Rosen und vielleicht aus diesem Grunde am interessantesten. In der Tat stammen die meisten unserer heutigen rotblühenden Sorten von ihr ab. Die Blüten sind dicht gefüllt und von sattem Karmesinrot, öffnen sich allerdings eher unordentlich. Der Duft ist besonders intensiv, und wahrscheinlich geht die Vorstellung, daß eine rote Rose stark duften müsse, auf diese und ähnliche Remontant-Rosen zurück. Leider ist dies bei unseren heutigen roten Rosen durchaus nicht immer der Fall. Höhe etwa 1,20 m. Eine Kreuzung zwischen 'Gloire des Rosomanes' und 'Géant des Batailles'. Gezüchtet von Roussel (Frankreich), 1853.

BARONNE PRÉVOST, *Remontant-Rose.*

MRS. JOHN LAING, *Remontant-Rose.*

EINE DES VIOLETTES, *Remontant-Rose. Von den Alten Rosen, die wiederholt blühen, ie beste mit purpurroten Blüten.*

GEORG ARENDS ('Fortune Besson'). Diese Sorte ist eine Kreuzung zwischen 'Frau Karl Druschki' und 'La France' und sollte deshalb eigentlich den Teehybriden zugeordnet werden. Vom Wuchs her paßt sie aber in keine der beiden Klassen. Sie bildet einen hübschen, leicht überhängenden Strauch von etwa 1,50 m Höhe mit reichlich Laub. Die Blüten hingegen haben die typische Teehybridenform, große Knospen mit hoher Mitte, wobei sich die Blütenblätter an den Rändern reizvoll zurückbiegen. Ihre Farbe ist ein klares Rosarot, und sie hat einen köstlichen Duft. Gezüchtet von W. Hinner (Deutschland), 1910.

GLOIRE DE DUCHER. Keine andere Remontant-Rose kommt dieser an Pracht und Fülle der Blüten gleich. Sie bilden sehr große, lockere Schalen von dunklem Purpur-Karmesinrot, das mit Kastanienbraun schattiert ist, und sind stark duftend. In der Kühle des Herbstes wirken die Blüten besonders edel. Der Wuchs ist kräftig und ziemlich wuchernd, bis über 2 m hoch, mit dunkelgrünen Blättern, und sie eignet sich gut als Rose für Pergolen oder Stützen. Ihr einziger Mangel ist ihre Anfälligkeit für Mehltau. Die Abstammung ist nicht bekannt. Gezüchtet von Ducher (Frankreich), eingeführt 1865. Abbildung Seite 104.

HENRY NEVARD. Sie ist von allen hier aufgeführten Rosen die jüngste, erst 1924 von Cant's of Colchester gezüchtet, und sie kann durchaus auch eine Teehybride unter ihren Ahnen haben. Ihre großen Blüten von dunklem Karmesinrot sind schalenförmig und haben einen köstlichen, kräftigen Duft. Sie erscheinen an langen Stielen und remontieren gut. Sie hat den typischen hohen, aufrechten Wuchs einer Remontant-Rose, etwa 1,50 m hoch. Die Blätter sind groß, lederartig und dunkelgrün.

HUGH DICKSON. Eingeführt 1905, gehörte sie zu den beliebtesten Rosen ihrer Zeit. Doch eigentlich spricht nicht viel für sie. Die großen Blüten sind kugelig, scharlach-karmesinrot und erscheinen an langen Trieben. Sie haben meist wenig Charakter und sind eher plump. Der Wuchs ist sehr hoch und staksig, über 2 m hoch. Sie eignet sich vielleicht besser als Kletterrose, denn sie wird leicht über 3,50 m groß. Auf dem Höhepunkt ihrer Beliebtheit pflegte man ihre langen Triebe am Boden festzupflokken, was wie eine am Boden entlanggezogene Kletterrose wirkte. Auf diese Weise bildet sie viele Seitentriebe mit Blüten. Sie blüht reichlich und wiederholt und ist stark duftend. Gezüchtet durch Kreuzung von 'Lord Bacon' mit 'Gruß an Teplitz' von H. Dickson.

JOHN HOPPER. Große, duftende lilarosa Blüten, die zur Mitte hin dunkler werden. Kräftiger, aufrechter Wuchs von etwa 1,20 m Höhe. Eine Kreuzung von 'Jules Margottin' mit 'Madame Vidot'. Gezüchtet von Ward (Großbritannien), 1862.

MABEL MORRISON. Ein weißer Sport von 'Baronne Adolphe de Rothschild', mit den Merkmalen der Portland-Rose und hübschen, flachen Schalen als Blüten. Im Herbst zeigen die Blüten gelegentlich eine feine zartrosa Tönung. Nur sehr leicht duftend. Entdeckt von Broughton (Großbritannien), eingeführt 1878.

MRS. JOHN LAING. Diese von Henry Bennett gezüchtete Rose kann als sein gelungenstes Werk angesehen werden. Die Blüten sind groß, wie eine tiefe Schale, dicht gefüllt und von silbrigem Rosa. Der Wuchs ist kräftig und aufrecht, bis 1,20 m hoch, mit graugrünem Laub. 'Mrs John Laing' ist eine gute, unproblematische Sorte, verläßlich wiederholt blühend und stark duftend. Sie wurde 1887 eingeführt. Es heißt, Bennett habe für die Vertriebsrechte in Amerika $ 45 000 Lizenzgebühr erhalten, eine für die damalige Zeit unerhörte Summe. Sie ist ein Sämling von 'François Michelon'. Abbildung Seite 100.

PAUL NEYRON. Früher galt diese Sorte als die Rose mit den größten Blüten, und dies ist auch heute noch nicht ganz unzutreffend. Sie bildet einen in jeder Hinsicht großen Strauch mit großen Blättern und kräftigem, aufrechtem Wuchs. Leider wird die Größe von Plumpheit begleitet, aber als Schnittblume in einem Arrangement mit anderen Blumen kann sie sehr wirkungsvoll sein. Die Blütenfarbe ist ein dunkles Rosarot, durchtränkt mit Lila. Die Blüten sind schalenförmig und leicht duftend. Eine Kreuzung zwischen 'Victor Verdier' und 'Anna de Diesbach'. Gezüchtet und eingeführt von A. Levet (Frankreich), 1869. Abbildung Seite 104.

PRIDE OF WALTHAM. Die großen Blüten mit dicken Blütenblättern könnte man plump finden, hätten sie nicht eine zarte rosa Farbe. Sie bildet einen kräftigen Strauch, remontiert gut, aber es besteht Gefahr durch Mehltau. Leichter Duft. Höhe etwa 1,20 m. Ein Sport von 'Comtesse d'Oxford'. Entdeckt in der Rosenschule von W. Paul & Son (Großbritannien), 1881.

PRINCE CAMILLE DE ROHAN ('La Rosière'). Diese Sorte galt lange Zeit als die dunkelste aller Rosen, und aus diesem Grund wird sie immer noch gekauft: Ich befürchte allerdings, unsere Kunden werden gelegentlich enttäuscht sein, da ihr Wuchs sehr schwach ist, außer unter den günstigsten Verhältnissen. Sie bildet eine buschige Pflanze von knapp 1 m Höhe, die Blüten sind mittelgroß, dicht gefüllt und von sattestem samtigem Karmesin-Kastanienbraun. Sie erscheinen an schwachen Stielen, duften jedoch köstlich. Gezüchtet von R. Verdier (Frankreich), 1861.

REINE DES VIOLETTES ('Queen of the Violets'). Eine einzigartige, reizende Rose, deren Blüten eher einer Gallica-Rose ähneln. Sie sind dicht gefüllt und rosettenförmig, öffnen sich flach und geviertelt mit einem Knopfauge

PAUL NEYRON,
*Remontant-Rose.*

SOUVENIR DU DOCTEUR JAMAIN, *Remontant-Rose.*

FISHER & HOLMES,
*Remontant-Rose.*

GLOIRE DE DUCHER, *Remontant-Rose.*

FERDINAND PICHARD, *eine gestreifte Remontant-Rose. Unter den wiederholt blühenden
Rosen die beste gestreifte Sorte für den kleinen Garten.*

in der Mitte. Das samtige Purpurrot verwandelt sich mit der Zeit in ein weiches Veilchenblau. Der Wuchs ist aufrecht, etwa 1,20 m bis 1,50 m hoch, mit graugrünem Laub und kaum Stacheln. Sie remontiert sehr verläßlich und in Verbindung mit der Blütenform der Alten Rosen macht sie das besonders wertvoll. Ein Sämling von 'Pius IX'. Gezüchtet von Millet-Malet (Frankreich), eingeführt 1860. Abbildung Seite 101.

ROGER LAMBELIN. Ein Sport von 'Prince Camille de Rohan' (siehe oben) mit allen Mängeln dieser Sorte. Sie ähnelt 'Prince Camille de Rohan' auch im Aussehen, ihre dunkel karmesinroten Blütenblätter sind jedoch hübsch weiß gerändert. Wenn sie richtig kulviert wird, kann sie wie die Elternsorte wunderschön aussehen, in den meisten Fällen aber empfiehlt es sich, statt ihrer 'Baron Girod de l'Ain' zu pflanzen, die einen viel kräftigeren Wuchs hat. Intensiv duftend. Höhe knapp 1 m. Entdeckt von Schwartz (Frankreich), eingeführt 1890.

SOUVENIR DU DOCTEUR JAMAIN. Keine typische Remontant-Rose, die ich wegen ihrer Blütenfarbe, einem satten, tiefdunklen Karmesinrot, und dem vollen und intensiven Duft erwähne. Die Blüten sind mittelgroß und flach und lassen eine Andeutung ihrer gelben Staubgefäße sehen. Sie blüht wiederholt, hat aber, wie so viele karmesinrote Rosen, einen weniger gefälligen Wuchs. Dieser ist ziemlich schütter und schmächtig, etwa 1,50 m bis 1,80 m hoch. Sie wurde einige Zeit lang auch unter dem Namen 'Souvenir d'Alphonse Lavallée' vertrieben. Eingeführt von Lacharme (Frankreich), 1865. Abbildung Seite 104.

TRIOMPHE DE L'EXPOSITION. Dicht gefüllte, kirschrote Blüten öffnen sich flach und geviertelt mit einem Knopfauge. Der Wuchs ist kräftig, buschig und remontierend. Höhe etwa 1,50 m. Margottin (Frankreich), 1855.

ULRICH BRUNNER. Ein hoher, langlebiger Strauch von schmalem, aufrechtem Wuchs und etwa 1,80 m Höhe. Die Blüten sind schalenförmig und von einem ziemlich grellen, blassen Karmesinrot. Gelegentlich bringt sie schöne Blüten hervor, und sie eignet sich gut als Schnittrose. Intensiver Duft, wiederholt blühend. Gezüchtet von Levet (Frankreich), 1881.

VICK'S CAPRICE. Sehr große, dicht gefüllte, schalenförmige Blüten von dunklem Rosa, das zart mit blasserem Rosa und Weiß gestreift ist, was ihr ein feines Aussehen verleiht. Sie ist intensiv duftend, wiederholt blühend, mit vielen Blättern, die bis an die Blüten wachsen. Höhe etwa 1,20 m. Ein Sport der rosafarbenen 'Archiduchesse Élisabeth d'Autriche'. Gefunden im Garten von Mr. Vick of Rochester, New York, eingeführt 1891.

# Teerosen

Die Teerosen sind das Ergebnis einer Kreuzung zweier China-Rosen – 'Hume's Blush China' und 'Parks' Yellow Scented China' – mit verschiedenen Bourbon- und Noisette-Rosen. Die erste Teerose wurde 1835 eingeführt und hatte den sehr passenden Namen 'Adam', gezüchtet von einem englischen Rosenschuler, der diesen Namen trug. Die Klasse wurde ursprünglich 'Tea Scented China Roses' genannt, was man jedoch bald in 'Teerosen' verkürzte. Wie sie zu ihrem Namen kamen bleibt ein Geheimnis; man findet bei ihnen eine ganze Reihe von Düften, von denen allerdings keiner, zumindest für meine Nase, auch nur eine Ähnlichkeit mit Teegeruch hat. Graham Stuart Thomas allerdings behauptet, der Duft einer typischen Teerose entspreche genau dem Duft einer frisch geöffneten Packung China-Tee. Wie dem auch sei, wir sagen trotzdem gewisse Rosen haben einen Teerosen-Duft, und diese Bezeichnung hat inzwischen eine feste Bedeutung.

Die Teerose war dazu bestimmt, ein Elternteil der Teehybride zu werden. Am besten beschreibt man sie als eine ziemlich schlanke Version dieser Klasse, während sie gleichzeitig eine ziemlich nahe Verwandtschaft mit dem zweigigen Wuchs der China-Rose verrät. Wie die China-Rose ist sie diploid. Nach landläufiger, etwas romantischer Vorstellung hat eine Teerose eine lange, schlanke und zarte Knospe von äußerst zarter Farbe. Dies trifft allerdings nur teilweise zu; denn in Wirklichkeit gibt es sie in verschiedenen Formen und gelegentlich auch in ziemlich grellen Farben.

Im allgemeinen kann man diese Rosen nicht für den Garten empfehlen, und ich bin nicht einmal ganz sicher, ob sie überhaupt in diesem Buch aufgeführt werden sollten, außer um das Bild von der historischen Entwicklung der Rose zu vervollständigen. Ich habe verschiedene von ihnen in meinem Garten kultiviert, und keine erwies sich als für unser Klima geeignet. Sollten sie den Winter tatsächlich überstehen, frieren sie häufig bei Spätfrösten zurück, und obwohl einige winterhärter sind als andere, sehen sie oft wie armselige Teehybriden aus. In wärmeren Regionen mögen die Ergebnisse anders aussehen, und in Mittelmeerländern habe ich sie als schöne große Sträucher gesehen. Wenn in einem Kalthaus Platz für sie gefunden werden kann, darf man einige wunderschöne Blüten erwarten, und für den Kenner mag dies genug Lohn für seine Mühe sein. Eine weniger aufwendige Methode besteht darin, sie an einer warmen und geschützten Wand als niedrige Kletterrosen zu ziehen.

Hingegen lohnt es sich, sie in Ländern mit warmem und frostfreiem Klima zu pflanzen – die meisten der Sorten, die bis heute überlebt haben, kommen nämlich aus diesen Regionen. Die kletternden Teerosen sind erheblich robuster und können eher für die Kultivierung im Garten

LADY HILLINGDON, *eine Teerose mit hübschem, dunkelgrünem Laub.*

empfohlen werden. Ob dies eine Folge unterschiedlicher Züchtung ist oder lediglich damit zusammenhängt, daß sie gewöhnlich an einer Wand gezogen werden, weiß ich nicht – vielleicht trifft beides zu. (Die kletternden Teerosen sind in dem Kapitel über Kletterrosen in dem Begleitband zu diesem Buch beschrieben.)

Teerosen bevorzugen einen gut durchlässigen, fruchtbaren Boden und sollten, wie Sie inzwischen erraten haben werden, an einem warmen und geschützten Platz gepflanzt werden. Wie die China-Rosen, von denen sie abstammen, mögen sie keinen zu starken Rückschnitt. Man sollte nicht weiter zurückschneiden, als für das Ausdünnen alten Holzes, das Entfernen von totem Holz und für die unumgängliche Erhaltung der Form notwendig ist. Die Höhe hängt entscheidend vom Klima ab. In Großbritannien werden sie selten größer als 1 m, aber ich zweifle nicht, daß sie in südlicheren Ländern viel üppigere Sträucher bilden können.

Ich führe hier die geringe Anzahl solcher Teerosen auf, die heute noch erhältlich sind. Da ich nur wenige im Garten kultiviert habe, kenne ich einige der Sorten zu wenig, um sagen zu können, welche die besten sind.

CATHERINE MERMET, *Teerose. Eine der wichtigsten spätviktorianischen Rosen.*

Ich habe hauptsächlich diejenigen mit Blüten in zarteren Farben aufgenommen, weil ich glaube, daß diese attraktiver sind.

ANNA OLIVER. Cremerosafarbene spitze Blüten, die Unterseiten der Blütenblätter sind dunkelrosa. Für eine Teerose ziemlich starkwüchsig und buschig. Duftend. Gezüchtet von Ducher (Frankreich), 1872.

ARCHIDUC JOSEPH. Eine der winterhärtesten Teerosen. Sie bildet einen kräftigen Busch oder eine Kletterrose mit viel dunkelgrünem Laub. Die Blüten öffnen sich flach mit einer Fülle von Blütenblättern in Purpurrosa, das zur Mitte hin allmählich zartrosa wird. Ein Sämling von 'Madame Lombard'. Gezüchtet von Nabonnand (Frankreich), 1872.

CATHERINE MERMET. Diese wunderschöne Teerose wurde früher in großem Umfang gewerblich als Schnittblume kultiviert. Unter günstigen Bedingungen bildet sie ausgesprochen schöne Knospen, in der Mitte zartrosa und an den Rändern lilarosa getönt. In Großbritannien ist sie nur für das Kalthaus geeignet. Gezüchtet von Guillot Fils (Frankreich), 1869.

DR. GRILL. Spitze rosarote Knospen, kupferfarben schattiert, öffnen sich flach und dicht gefüllt. Zweigiger Wuchs. Duftend. 'Ophirie' × 'Souvenir de Victor Hugo'. Bonnaire (Frankreich), 1886.

DUCHESSE DE BRABANT. Große, dicht gefüllte, schalenförmige Blüten, deren Farbe zwischen weichem und leuchtendem Rosarot variiert. Sie ist winterhärter als viele andere und hat einen kräftigen, verzweigten Wuchs mit hübschem Laub. Intensiv duftend. Bernède (Frankreich), 1857.

HOMÈRE. Hübsche schalenförmige Blüten von weichem Rosa mit roten Schattierungen an den Rändern der Blütenblätter, die zur Mitte hin fast zu Weiß verblassen. Eine frühe Sorte, winterhärter als die meisten anderen. Sie hat einen buschigen, verzweigten Wuchs mit dunkelgrünem Laub. Gezüchtet von Robert et Moreau (Frankreich), 1858.

LADY HILLINGDON. Die einzige Teerose, von der man sagen kann, sie sei weit verbreitet. Sie scheint so winterhart zu sein wie eine Teehybride. Angeblich ist sie eine Kreuzung von 'Papa Gontier' mit 'Madame Hoste', welche beide zu den Teerosen gehören, aber dies ist zu bezweifeln, da die Chromosomenzahl die Abstammung von einer Teehybride bezeugt. Dies veranschaulicht sehr gut, daß wir frühe Aufzeichnungen über Züchtungen nicht allzu ernstnehmen sollten. 'Lady Hillingdon' hat große Blütenblätter von einem reizvollen dunklen Apricotgelb. Sie bilden lange, schlanke Knospen, die sich dann zu recht lockeren Blüten öffnen. Intensiver Teerosenduft. Einen hübschen Kontrast bildet das dunkelgrüne Laub, das einen kupfrigen Mahagoniton zeigt, wenn es jung ist. Es gibt einen kletternden Sport, der bedeutend besser ist als die Buschform, und es empfiehlt sich, wo immer der Platz es zuläßt, diese Kletterform zu pflanzen (siehe das Kapitel über Kletterrosen in dem Begleitband zu diesem Buch). Gezüchtet von Lowe & Shawyer (Großbritannien), 1910. Abbildung Seite 108.

LADY PLYMOUTH. Große, hübsch geformte, spitze Knospen von cremigem Elfenbeinweiß, zart rosa getönt. Buschiger Wuchs, mit ziemlich spärlichem, dunkelgrünem Laub. Leicht duftend. A. Dickson (Großbritannien), 1914.

MADAME BRAVY ('Adele Pradel', 'Madame de Sertat'). Große, rahmweiße Blüten mit bernsteinfarbener Schattierung und einem intensiven Teerosenduft. Guillot Père (Frankreich), 1846.

MADAME DE TARTAS. Große, zartrosa, schalenförmige Blüten. Ziemlich starkwüchsig, mit sich ausbreitendem Wuchs und recht frostunempfindlich. Eine für die Entwicklung der Teehybriden bedeutende Rose, aber es bestehen Zweifel, ob die Sorte, die heute unter diesem Namen vertrieben wird, die ursprüngliche ist. Duftend. Bernède (Frankreich), 1859.

MAMAN COCHET. Große, kugelige Blüten von blassem Rosa, das zur Mitte hin dunkler wird mit zitronengelber Schattierung an der Basis. Der Wuchs ist recht kräftig mit dunkelgrünem Laub. Einst als Rose für Ausstellungen beliebt. 'Marie van Houtte' × 'Madame Lombard'. Gezüchtet von Cochet (Frankreich), 1893.

MARIE VAN HOUTTE. Große, rahmweiße, spitze Knospen, die zart von einem rötlichen Pink überzogen sind. An der Basis der Blütenblätter bernsteinfarbene Schattierung. Duftend. Sich ausbreitender Wuchs. 'Madame de Tartas' × 'Madame Falcot'. Ducher (Frankreich), eingeführt 1871.

PAPA GONTIER. Lange, spitze Knospen von dunklem Rosa öffnen sich halbgefüllt, die Unterseiten der Blütenblätter sind karminrot. Buschiger Wuchs. Nabonnand (Frankreich), 1883.

PERLE DES JARDINS. Spitze Knospen entfalten sich zu einer dicht gefüllten, duftenden Blüte von strohgelber Farbe. Bei feuchtem Wetter öffnen sie sich schlecht. Der Wuchs ist schwach, aber recht winterhart. Duftend. 'Madame Falcot' × ein Sämling. Levet (Frankreich), 1874.

ROSETTE DELIZY. Spitze Knospen, die Blütenblätter sind apricot und gelb, die Unterseiten mit Karminrot schattiert. 'Général Gallieni' × 'Comtesse Bardi'. Nabonnand (Frankreich), 1922.

SAFRANO. Hübsche, spitze, safrangelbe und apricotfarbene Knospen öffnen sich zu halbgefüllten Blüten, die mit der Zeit verblassen. Beauregard (Frankreich), 1839.

THE BRIDE. Ein weißer Sport von 'Catherine Mermet' und ihr in jeder Hinsicht ähnlich außer in der Farbe. Nur für die Kultivierung im Kalthaus geeignet. (In unserem geschützt liegenden Garten in Frankfurt am Main und mit viel Liebe umsorgt hat sie sich auch im Freien bewährt, A.d.Ü.) Entdeckt von May (USA), 1885.

TRIOMPHE DU LUXEMBOURG. Dicht gefüllte Blüten wachsen in Büscheln. Lachsrosa, das sich in Lachsbraun verwandelt. Hardy (Frankreich), 1839.

WILLIAM R. SMITH ('Charles Dingee', 'Blush Maman Cochet', 'President William Smith', 'Jeanette Heller'). Elegante spitze Knospen; blaßrosa in der Mitte, die äußeren Blütenblätter sind cremerosa, an der Basis gelb schattiert. Gezüchtet von Bagg (USA), eingeführt 1908.

Lady Curzon, *eine Rugosa-Hybride mit großen, seidigen Blüten an einem
wuchernden Strauch.*

BELLE POITEVINE, *eine hübsche Rugosa-Rose mit großen Blüten.*

# KAPITEL 4

# Rugosa-Rosen

R*osa rugosa* ist in Nordchina, Japan und Korea heimisch. Sie wurde in China als Gartenstrauch kultiviert, angeblich wurde sie dort für Potpourris verwendet, und Bunyard erwähnt in seinem Buch *Old Garden Roses* (1936) eine Zeichnung von ihr von Chao Ch'ang, der um 1000 n. Chr. lebte. Sie wurde auch in Japan kultiviert, und dies erklärt, warum ihre Abkömmlinge manchmal als Japanische Rosen bezeichnet werden. Über das genaue Datum ihrer Ankunft in Großbritannien bestehen einige Zweifel, angeblich wurde sie erstmals 1796 von der Baumschule Lee and Kennedy, Hammersmith, eingeführt. Sie bildet einen starkwüchsigen und kräftigen Strauch von bis zu 2,50 m Höhe und Breite. Sie hat zahlreiche kräftige Stacheln und grob gemaserte, apfelgrüne Blätter. Die Blüten sind groß, etwa 9 bis 10 cm im Durchmesser, von einer variierenden purpurroten Farbe und haben einen leichten Duft. Ihnen folgen außergewöhnlich große röte, tomatenähnliche Hagebutten mit einem Durchmesser

113

von 2 bis 3 cm und mehr. Die Staubgefäße sind fast rahmweiß im Gegensatz zu dem üblichen Gelb, und dies paßt gut zur Farbe der Blüten. Sie hat zwei weitere wichtige Eigenschaften: Einerseits ist sie ausgesprochen winterhart, und darüber hinaus ist sie fast die einzige Wildrose, die den ganzen Sommer über blüht, und zwar so ausdauernd, daß später in der Saison reife Hagebutten neben den letzten Blüten an einem Zweig zu finden sind. Obwohl die Farbe der Blüten nicht jedermanns Geschmack ist, ist die Rugosa-Rose ohne Zweifel ein sehr attraktiver Strauch, bei dem man sich darauf verlassen kann, daß er selbst im kärgsten Sandboden gedeiht.

Bei allen diesen Vorzügen verwundert es nicht, daß aus ihr eine große Zahl von Hybriden gezüchtet wurde und daß diese als eine eigene Klasse gelten. Die meisten von ihnen wurden um die Jahrhundertwende gezüchtet. Dabei entstanden einige ausgezeichnete Sträucher, die die Vorzüge von R. Rugosa mit den verschiedenen Farben der Gartenrosen jener Zeit vereinen. Diese Hybriden bilden ebenfalls große Sträucher, und viele haben die Eigenschaft, wiederholt zu blühen, von der Wildrose geerbt. Oft gingen dabei die Anmut und der dichte Wuchs dieses Elternteils verloren, und manchen fehlen die hübschen Hagebutten, trotzdem bilden sie eine Klasse wunderschöner und sehr gut verwendbarer Sträucher. Aber es bleibt das Gefühl, daß diese Gruppe ihr volles Potential nie erreicht hat; nach einem ersten Aufflackern des Interesses hat man sich später kaum noch mit ihr beschäftigt. Dies ist wahrscheinlich darauf zurückzuführen, daß zur Züchtung die falschen Sorten verwendet wurden. R. rugosa ist diploid, während die meisten Gartenrosen tetraploid sind. So entstanden sterile Abkömmlinge, was eine weitere Entwicklung unmöglich machte. Heute wissen wir, daß man solche Probleme überwinden kann, und künftigen Züchtern öffnet sich ein weites Betätigungsfeld. Ich bin fest davon überzeugt, daß die Rugosa-Rosen die Anlage haben, die besten von allen Strauchrosen zu werden, denn viele der dafür erforderlichen Vorzüge sind schon in der Wildrose angelegt.

In ihrer äußeren Erscheinung unterscheiden sich die Rugosa-Rosen von den westlichen Rosen sehr stark. Sie haben sowohl in ihren Blüten als auch im Wuchs wahrlich ein fast orientalisches Aussehen, und sie würden in einem chinesischen Gemälde sicher recht passend wirken. Ein weniger glücklicher Umstand ist, daß die Verbindung mit einer Gartenrose nicht immer gelingt. Wenn das Ergebnis mehr zur Rugosa-Seite neigt, ist alles in Ordnung, ähnelt die Pflanze aber mehr dem anderen Elternteil, ist sie oftmals eher plump. Die Sorte 'Ruskin' ist ein Beispiel für dieses Problem. In der Tat scheinen diese Hybriden insofern ziemlich ungewöhnlich zu sein, als sie entweder mehr zur Rugosa-Seite oder mehr zu der Seite der Gartenrose neigen, selten aber eine gelungene Mischung sind. Ich werde mich bemühen, bei jeder Beschreibung anzugeben, zu welcher der beiden Seiten sie tendiert. Es ist wichtig, diesen Faktor zu berücksichtigen, wenn man sich vorzustellen versucht, wie sie im Garten aussehen wird.

Rugosa-Rosen sind leicht zu kultivieren und erfordern nur ein Minimum an Pflege. Der Rückschnitt kann auf das Ausdünnen und Entfernen alten und schwachen Holzes beschränkt werden und – was eigentlich wichtiger ist – die Bildung eines schöngeformten Strauches fördern, besonders bei solchen Sorten, die zu einem hageren und aufrechten Wuchs neigen.

Rugosa-Rosen bilden ausgezeichnete und undurchdringliche Hecken oder Abgrenzungen. Sie sind ideal für arme Böden, auf denen andere Rosen nur schwer gedeihen würden, eignen sich auch für einen Standort an der Küste gut, da sie heftige Winde besser als die meisten anderen Rosen vertragen. Ich habe sie sehr zufrieden auf Sanddünen wachsen sehen – eine Eigenschaft, die sie allein mit den Schottischen Rosen teilen, zumindest was die Gartenrosen betrifft.

AGNES. Dies ist eine Kreuzung zwischen *Rosa rugosa* und *R. foetida* 'Persiana', wobei letztere ihr Erscheinungsbild stark beeinflußt hat. Das Ergebnis ist eine Rugosa-Rose mit den charakteristischen Blüten der Alten Rosen, mit vielen Blütenblättern von einem Gelb, das honigfarben schattiert ist und später zu Rahmweiß verblaßt. Sie ist in der Tat eine gelbe Alte Rose, und das macht sie für diejenigen, die diese Farbe bevorzugen, besonders wertvoll. Die Mischung des nicht gerade angenehmen Geruchs von *R. foetida* 'Persiana' mit dem der Rugosa-Rose ergab einen feinen und recht ungewöhnlichen neuen Duft. Der Wuchs ist aufrecht, buschig und kräftig, über 2 m hoch und 1,50 m breit, mit ziemlich kleinen, blaßgrünen Blättern. In manchen Gärten ist sie anfällig für Rosenrost. Gezüchtet von B. & W. Saunders (Kanada), eingeführt 1922. Abbildung Seite 117.

BELLE POITEVINE. Ein hübscher Strauch von etwa 1,50 m Höhe und ebensolcher Breite, der im Aussehen stark *Rosa rugosa* ähnelt. Sie hat große, halbgefüllte, locker geformte Blüten von malvenfarbenem Rosa, die sich flach öffnen, um rahmweiße Staubgefäße zu zeigen. Die Blüten haben einen leichten Duft; ihnen folgen große, orangerote Hagebutten. Gezüchtet von G. Bruant (Frankreich), eingeführt 1894. Abbildung Seite 113.

BLANC DOUBLE DE COUBERT. Eine Rose, die wie eine gefüllte Form von *Rosa rugosa* 'Alba' aussieht. Die Blüten sind groß und reinweiß, die Knospen manchmal zartrosa angehaucht. Die Blütenblätter ähneln Seidenpapier und öffnen sich halbgefüllt mit einem wunderbaren Duft. Im Wuchs ist sie *R. rugosa* 'Alba' sehr ähnlich, er ist jedoch nicht ganz so stark. Der Züchter, Cochet-Cochet, Frankreich, behauptete, sie sei eine Kreuzung zwischen *R. rugosa* und der schönen Teerose 'Sombreuil'. Man

*Drei Rugosa-Rosen:*
*Oben:* Nyveldt's White.
*Oben rechts:* Blanc Double de
Coubert.
*Rechts:* Schneezwerg.

könnte allerdings leicht zu der Auffassung kommen, daß hier ein Fehler vorliegt, was bei älteren Sorten durchaus häufiger vorkommt. *R. rugosa* ist jedoch ein so dominanter Elternteil, und von dem Pollen-Elternteil sind oft nur so geringe Spuren vorhanden, daß der Züchter mit seiner Angabe sogar recht haben kann. Sie ist eine der prächtigsten Rugosa-Rosen, mit gutem Wuchs und bemerkenswert dauerblühend. Sie bringt nur wenige Hagebutten hervor. Höhe etwa 1,50 m. Gezüchtet 1892. Abbildung Seite 116.

Carmen. Eine Sorte mit kleinen, und – einzeln betrachtet – recht reizvollen einfachen Blüten von dunklem Karmesinrot. Leider ist der Wuchs sehr aufrecht und die Blüten kommen nicht gut zur Geltung, der Gesamteindruck ist deshalb unausgewogen und spärlich. Sie ist eine Kreuzung

AGNES, *eine Rugosa-Rose mit zartem Duft.*

zwischen *Rosa rugosa rosea* und der Remontant-Rose 'Princesse de Béarn'. Gezüchtet von Lambert (Deutschland), 1907.

CONRAD FERDINAND MEYER (oft abgekürzt zu 'Conrad F. Meyer'). Diese Rose ist eine Kreuzung von 'Gloire de Dijon', 'Duc de Rohan' und einer Form von *Rosa rugosa*. Ihr Wuchs ist sehr hoch und aufrecht, mit ungewöhnlich langen Trieben, die ungehemmt vom Boden aus aufschießen. So kann sie, wenn man will, gut als Kletterrose gezogen werden. Sie hat zahlreiche kräftige Stacheln, und das Laub ist eine Mischung aus dem einer Teehybride und *R. rugosa*. Diese Rose war in Rosenschulen immer erhältlich, selbst in Zeiten, als Strauchrosen fast völlig aus der Mode waren. Der Grund hierfür liegt wahrscheinlich in ihren großen Blüten, die denen einer Teehybride ähneln. Sie sind von weichem, silbrigem Rosa, die Blütenblätter sind an den Rändern hübsch gerollt. Später öffnen sie sich zu großen, schalenförmigen, lockeren Blüten. Ihr Duft gehört für mich zu den köstlichsten von allen Rosen überhaupt und ist sehr intensiv. Es ist interessant festzustellen, daß *R. rugosa* selbst nur einen leichten Duft hat, wenn sie jedoch mit anderen Rosen gekreuzt wird, ergibt sich oft ein sehr starker Duft. Diese Rose sollte man am besten bis zur Hälfte ihrer Höhe zurückschneiden, um dem Strauch eine passable Form zu geben und damit die Blüten nicht ausschließlich in den Himmel schauen.

117

Sie blüht reichlich und bringt im Spätsommer einen schönen zweiten Blütenflor hervor. Ihre Höhe hängt stark vom Rückschnitt ab, und ohne Rückschnitt erreicht sie leicht 3,50 m. Gezüchtet von Müller (Deutschland), eingeführt 1899.

DELICATA. Ein für eine Rugosa-Rose ziemlich schwachwüchsiger Strauch, der knapp 1 m hoch wird und der, außer wo der Platz sehr begrenzt ist, kaum als erste Wahl angesehen werden kann. Im Aussehen ähnelt sie ansonsten *Rosa rugosa* sehr. Die halbgefüllten Blüten sind von einem hübschen weichen Lilarosa. Gezüchtet von Coling (USA), eingeführt 1898.

DR. ECKENER. Eine der größten und kräftigsten Rugosa-Rosen, für die sich nur selten genug Platz findet. Kräftiger Rückschnitt führt nur zu noch stärkerem Wachstum und zu weniger Blüten. Auf ärmeren Böden mag sie angebracht sein. Die großen Blüten im Charakter der Teehybriden sind kupfrig-gelb und verwandeln sich mit der Zeit in Rosa und Gelb. Eine außergewöhnlich stachelige und spröde Rose, allerdings mit einem kräftigen Duft. Höhe 3,50 m. Sie ist das Ergebnis einer Kreuzung von 'Golden Emblem' mit einer *Rosa rugosa*-Hybride. Gezüchtet von Berger (Deutschland), eingeführt 1931.

FIMBRIATA ('Phoebe's Frilled Pink', 'Dianthiflora'). Wie schon ihre verschiedenen Namen anzeigen, sind bei dieser hübschen Rose die Ränder der Blütenblätter ähnlich ausgefranst wie bei einer Nelke. Dies ist vermutlich die Folge von Störungen im Erbgut der Pflanze, die darauf zurückzuführen sind, daß der Unterschied zwischen den beiden sehr verschiedenen Elternteilen – *Rosa rugosa* und die starkwüchsige Noisette-Rose 'Madame Alfred Carrière' – so gewaltig ist. Solche Besonderheiten treten an vielen Gartenpflanzen bei Kreuzungen auf – in diesem Fall ist das Ergebnis erfreulich. Trotz der robusten Natur beider Elternteile ist 'Fimbriata' kein besonders starkwüchsiger Strauch, jedoch kräftig genug. Ihr Wuchs ist ziemlich schlank mit kleinen, hellgrünen Blättern. Die Blüten sind klein, von weichem Rosa, duftend und erscheinen in Büscheln. Diese Rose ist von einer Zartheit, die weit schöner ist als die ihrer robusteren Mitbewerber, der Grootendorst-Rosen. Höhe etwa 1,20 m. Gezüchtet von Morlet (Frankreich), 1891. Abbildung Seite 120.

F. J. GROOTENDORST. Wie 'Fimbriata' hat diese Sorte kleine Blüten mit fransigen Blütenblatträndern, aber hier ist das Ergebnis weniger hübsch. Sie ist eine Kreuzung zwischen *Rosa rugosa* 'Rubra' und der Polyantha-Pomponrose 'Madame Norbert Levavasseur'. Den Blüten, die von einem etwas dumpfen Karmesinrot sind, fehlt die Feinheit von 'Fimbriata', und sie stehen in ihren Büscheln zu dicht zusammen. Der Wuchs ist sehr kräftig, aufrecht und buschig, und die Blätter zeigen die Abstammung von einer Polyantha-Rose. Sie duftet nicht. Andererseits ist sie kräftig und ausgesprochen zuverlässig, und sie blüht ausdauernder als jede andere Rugosa-Rose, ausgenommen die eigenen Sports und die Wildart selbst. Von ihr gibt es insgesamt drei Sports: 'Pink Grootendorst', 'Grootendorst Supreme' und 'White Grootendorst', die sich alle sehr ähneln und nachstehend beschrieben sind. Höhe etwa 1,50 m. Gezüchtet von de Goey (Niederlande), eingeführt 1918.

FRAU DAGMAR HASTRUP ('Frau Dagmar Hartopp', 'Fru Dagmar Hastrup'). Eine weit verbreitete Rose, besonders beliebt bei Gartenämtern, ohne Zweifel, weil sie sich gut für Massenanpflanzungen eignet und einen niedrigen, buschigen Wuchs hat, der einen kräftigen Rückschnitt verträgt, ohne daß dadurch das Blühen beeinträchtigt wird. Am besten beschreibt man sie als eine niedrigere, hellrosa Variante von *Rosa rugosa*. Die Blüten sind schön und sehr fein, die Knospen lang und spitz und von einem satten Rosa. Sie öffnen sich zu einem klaren Hellrosa mit rahmweißen Staubgefäßen. Sie blüht wiederholt, und es folgen große, dunkelrote Hagebutten. Duftend. Gilt als Sämling von *R. rugosa*. Höhe etwa 1,20 m. Hastrup (Dänemark), 1914. Abbildung Seite 120.

GROOTENDORST SUPREME. Ein Sport von 'F. J. Grootendorst', mit dunkleren, granatroten Blüten. Gilt als nicht so starkwüchsig wie die Stammform, der sie ansonsten, abgesehen von der Farbe, gleicht. Gelblich-grünes Laub. Leichter Duft. 1,20 m. Grootendorst (Niederlande), 1936.

HANSA. Auf den ersten Blick erscheint diese Sorte 'Roseraie de l'Hay' sehr ähnlich zu sein, bei näherer Betrachtung zeigt sich aber schnell, daß sie weniger schön ist. Die Blüten sind dicht gefüllt und von dunklem Karmesinpurpur. Sie ist kräftig, winterhart und gesund, und sie hat aus der Sicht des Rosenschulers den Vorteil, daß sie viel leichter zu vermehren ist als 'Roseraie de l'Hay'. Eine typische Rugosa-Rose. Duftend. Höhe etwa 1,20 m. Eingeführt von Schaum & Van Tol (Niederlande), 1905.

LADY CURZON. Eine Kreuzung von *Rosa* 'Macrantha' und *R. rugosa* 'Rubra' ist sehr vielversprechend, und wir werden nicht enttäuscht. Sie bildet einen verschlungenen Strauch von etwa 2,40 m Höhe und gleicher Breite. Die Blätter sind wie bei dem Rugosa-Elternteil stark gemasert, und sie hat viele kräftige Stacheln. Die Blüten sind groß, etwa 10 cm im Durchmesser und einfach, von einem leicht irisierenden Rosa, das in der Mitte fast zu Weiß verblaßt, mit Blütenblättern wie zerknitterte Seide und mit einem schönen Büschel goldfarbener Staubgefäße. Duftend, aber nicht remontierend. Diese Sorte eignet sich gut für Rabatte oder für den mehr naturbelassenen Teil des Gartens, wo sie mühelos 7 m weit in alle Richtungen in Bäume und Sträucher klettert und eine reizvolle natür-

FRAU DAGMAR HASTRUP, *eine beliebte Rugosa-Rose mit zarten Blüten.*

FIMBRIATA, *eine Rugosa-Rose, bei der die Ränder der Blütenblätter fransig wie die einer Nelke sind.*

*Gegenüber:* MAX GRAF, *eine Rugosa-Hybride, eine der schönsten Bodendecker-Rosen.*

◁ PINK GROOTENDORST, *eine weitere Rugosa-Rose mit fransigen Blütenblättern, robuster und weniger zierlich als 'Fimbriata'.*

SARAH VAN FLEET, *eine der verläßlichsten Rugosa-Hybriden.*

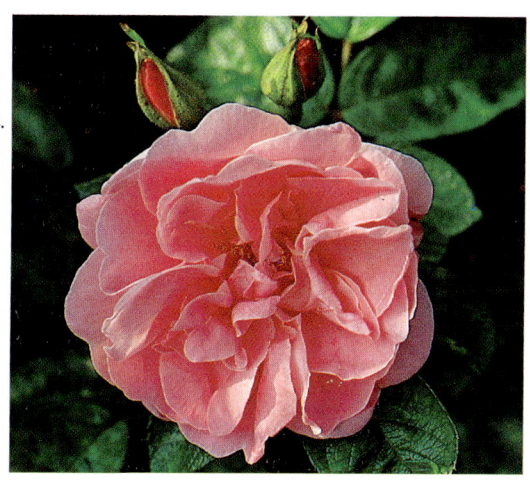

liche Wirkung ergibt. Gezüchtet von Turner (Großbritannien), eingeführt 1901. Abbildung Seite 112.

MADAME GEORGES BRUANT. Eine Kreuzung zwischen *Rosa rugosa* und der wunderschönen Teerose 'Sombreuil', ein hoher, schmaler und etwas unordentlicher Strauch. Die Blüten kommen als schön geformte, spitze, rahmweiße Knospen, die sich zu reinweißen Blüten mit drei oder vier

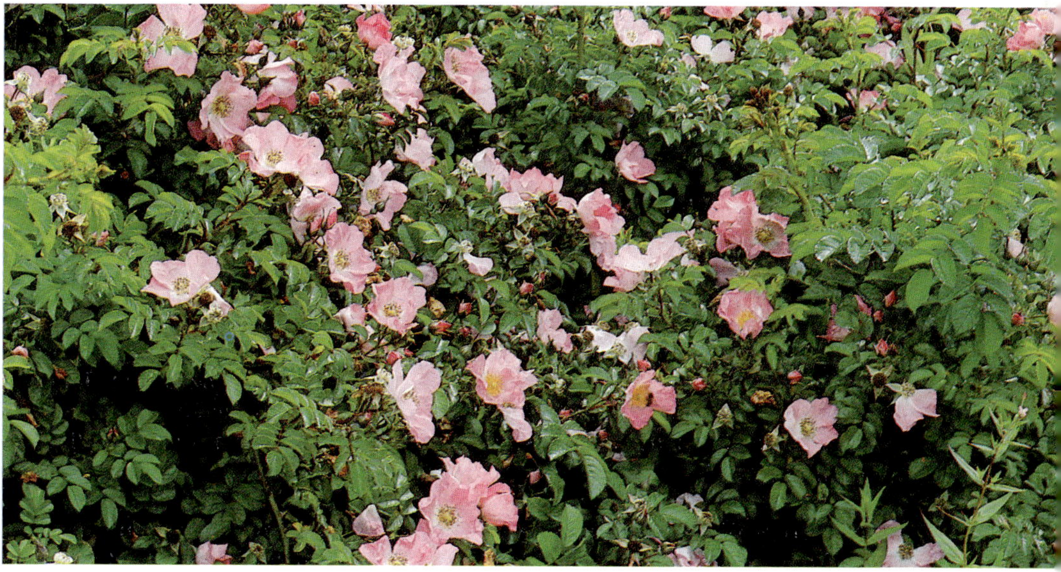

Reihen von Blütenblättern und gelben Staubgefäßen öffnen. Sie erscheinen im Sommer sowie im Herbst in kleinen Büscheln. Duftend. Höhe etwa 1,50 m. Gezüchtet von Bruant (Frankreich), eingeführt 1887.

MAX GRAF. Eine kriechende Rose und eine der empfehlenswertesten Sorten als Bodendecker. Sie ist das Ergebnis einer Kreuzung zwischen *Rosa rugosa* und *R. wichuraiana*, von letzterer hat sie ihren niederliegenden Wuchs geerbt. Sie bildet ein etwa 60 cm hohes Dickicht, das sich über eine größere Fläche ausbreitet, wobei ihre langen Triebe ›unterwegs‹ manchmal Wurzeln schlagen. Die Blüten sind klein bis mittelgroß, einfach, blaßrosa mit fast weißer Mitte, mit gelben Staubgefäßen, und sie haben den frischen, fruchtigen Duft ihres Wichuraiana-Elternteils. Sie hat üppiges, dunkles, glänzendes Laub und blüht nur im Frühsommer. Eine sehr gut einsetzbare Rose, nicht nur für Rabatte, sondern auch für Böschungen und Problembereiche, für die ein Bodendecker erforderlich ist. Gezüchtet von Bowditch (USA), 1919. Abbildung Seite 120.

MICRUGOSA *(R. × micrugosa)*. Siehe das Kapitel über Wildrosen im Begleitband zu diesem Buch.

MICRUGOSA ALBA *(R. × micrugosa alba)*. Siehe das Kapitel über Wildrosen im Begleitband zu diesem Buch.

MRS. ANTHONY WATERER. Von allen Rugosa-Sorten, denen man sofort ansieht, daß es sich um eine Hybride handelt, ist diese die beste. Sie hat einen ausgezeichneten belaubten Wuchs von etwa 1,50 m Höhe. Sie wächst stark in die Breite und bildet dabei einen dichten, schön geformten und gewölbten Strauch. Blüten und Laub sind den Alten Rosen sehr ähnlich. Die Blüten öffnen sich weit, dicht gefüllt und leicht schalenförmig, karmesinrot, mit einem kräftigen Duft. Im Frühsommer bringt sie zuverlässig einen üppigen Blütenflor hervor, später folgen nur noch vereinzelte Blüten. Wenn diese Rose zusätzlich noch remontieren würde, wäre sie kaum zu übertreffen. Die Elternsorten sind die Remontant-Rose 'Général Jacqueminot' und eine namenlose Rugosa-Hybride. Eingeführt von Waterer (Großbritannien), 1898. Abbildung Seite 124.

NOVA ZEMBLA. Ein Sport von 'Conrad Ferdinand Meyer' (siehe oben) mit anderer Blütenfarbe. Die Blüten sind weiß mit einem ganz zarten Hauch von Rosa. Ansonsten der Elternsorte in jeder Hinsicht gleich und ebensogut, vielleicht nicht ganz so starkwüchsig. Entdeckt von Mees (Großbritannien), 1907.

NYVELDT'S WHITE. Eine wunderschöne weiße Rose mit einfachen Blüten. Auf den ersten Blick ist sie leicht mit der ausgezeichneten Sorte *Rosa rugosa* 'Alba' zu verwechseln; bei genauerer Betrachtung entdeckt man aber eine Rose von viel feinerem Aussehen und anmutigerem Wuchs. Die Blätter sind glatter und die Fiederblättchen schmaler und von einem blasseren Grün als bei 'Alba'. Die Blüten haben einen Durchmesser von etwa 10 cm, die Blütenblätter sind länglicher. Sie duften und remontieren gut. Den Blüten folgen zahlreiche große, orangerote Hagebutten. Ein sehr guter Strauch. Die Abstammung wird mit *(R. rugosa* 'Rubra' × *R. cinnamomea) × R. nitida* angegeben. Dies überrascht etwas, denn unter ihnen ist keine weiße Rose, deshalb wurde vermutlich *R. rugosa* 'Alba' verwendet statt *R. rugosa* 'Rubra'. Gezüchtet von Nyveldt (Niederlande), eingeführt 1955. Abbildung Seite 116.

PAULII *(R. × paulii).* Siehe das Kapitel über Wildrosen im Begleitband zu diesem Buch.

PAULII ROSEA *(R. × paulii rosea).* Siehe das Kapitel über Wildrosen im Begleitband zu diesem Buch.

PINK GROOTENDORST. Ein rosa Sport von 'F. J. Grootendorst' (siehe oben). Wie die Stammsorte ist sie starkwüchsig, vielleicht nicht so sehr wie das Original, und bildet einen kräftigen, buschigen, zuverlässig remontierenden Strauch. Entdeckt von Grootendorst (Niederlande), 1923, Abbildung Seite 120.

ROBUSTA. Wurde erst in jüngerer Zeit von Kordes, Deutschland, eingeführt. Sie bringt eine Fülle mittelgroßer, einfacher Blüten von leuchtendem Scharlachrot hervor und blüht durchgehend während des ganzen Sommers. Der Wuchs ist sehr kräftig und dicht, mit vielen Stacheln und üppigem, lederartigem, dunkelgrünem Laub. Schwach duftend. Sie ist eine vielversprechende Ergänzung der Rugosa-Rosen und eine Kreuzung zwischen einem namenlosen Sämling und *Rosa rugosa* 'Regeliana'. Eingeführt 1979.

ROSA RUGOSA ALBA. Eine Rose fast ohne Mängel, aber wenig bekannt. Von schönem, kräftigem Wuchs, etwa 1,80 hoch und ebenso breit und mit üppigem Laub. Sie bringt während des ganzen Sommers große, reinweiße Blüten von etwa 10 cm Durchmesser hervor, die sich aus langen, schlanken Knospen öffnen. Ihnen folgen sehr große tomatenähnliche, orangerote Hagebutten, die gleichzeitig mit den letzten Blüten reifen. Schwacher Duft. Diese Rose war ursprünglich ein Sport von *Rosa rugosa typica,* und deshalb läßt sie sich eigentlich nicht sortengetreu aus Samen vermehren. Es wurden aber fast reine Sorten entwickelt, die nur noch selten in die Purpurfarbe der Stammsorte zurückfallen. Sämlingspflanzen von *R. rugosa* 'Alba' und *R. rugosa typica* eignen sich hervorragend

für Massenanpflanzungen im Landschaftsgartenbau, besonders in öffentlichen Bereichen, denn beide blühen kontinuierlich während des ganzen Sommers, breiten sich durch reichlich Ausläufer aus und bilden dabei ein undurchdringliches Dickicht. Und, was besonders wichtig bei einer solchen Anpflanzung ist: Es gibt keine Ausläufer von der Rosenunterlage (jeder, der mit der Gestaltung und Pflege von Landschaftsgärten befaßt ist, kennt die Probleme, die entstehen, wenn inmitten von hunderten dicht stehender, mannshoher, stacheliger Strauchrosen Ausläufer auftreten!). Abbildung Seite 125.

ROSA RUGOSA RUBRA (*R. rugosa* 'Atropurpurea'). Eine ausgewählte Form der Wildrose *R. rugosa typica*. Die Blüten sind von intensiverem Karmesinrot mit den bekannten auffälligen rahmweißen Staubgefäßen. Sie ist dem Original bei weitem vorzuziehen. Abbildung Seite 125.

ROSA RUGOSA TYPICA *(R. rugosa rugosa)*. Diese Rose ist eine Form von *R. rugosa*, die in der Einleitung zu diesem Kapitel beschrieben wurde. Sie gilt zwar als typisch für diese Wildrose, läßt sich aber nicht immer artgetreu aus Samen vermehren. *R. rugosa* ist in der Tat eine sehr variantenreiche Wildrose.

124

ROSA RUGOSA ALBA, *eine nahezu fehlerlose Rugosa-Rose.*

ROSA RUGOSA RUBRA. *Hier ist gut zu sehen, wie gleichzeitig Blüten und Hagebutten hervorgebracht werden.*

ROSERAIE DE L'HAY. Ein starkwüchsiger Strauch, etwa 2,40 m hoch, mit hübschem, dichtem, sich verzweigendem Wuchs und herrlichem, typischem Rugosa-Laub. Die Blüten sind sehr groß und gefüllt und öffnen sich weit aus reizvollen spitzen Knospen. Die Blütenfarbe ist ein sattes Karmesinpurpur, zwischen den Blütenblättern sind einzelne rahmweiße Staubgefäße zu sehen. Die Blüten verteilen sich gleichmäßig über die schön belaubte Pflanze und kommen dabei gut zur Geltung. Sie gehört zu den schönsten Strauchrosen und ist absolut verläßlich, remontiert gut, bringt aber sehr wenige Hagebutten hervor.

ROSERAIE DE L'HAY, *eine der prächtigsten Rugosa-Rosen.*

Sie ähnelt 'Hansa', ist aber feiner und von intensiverer Farbe. Angeblich ein gefüllter Sport von *Rosa rugosa,* dies ist jedoch nicht sicher. Gezüchtet von Cochet-Cochet (Frankreich), 1901, und nach dem Rosengarten bei Paris benannt.

RUSKIN. Eine Kreuzung zwischen der Rugosa-Rose 'Souvenir de Pierre Leperdrieux' und 'Victor Hugo', bei der sich letztere, eine typische rote Remontant-Rose, als der dominante Elternteil erwiesen hat, nicht nur mit positiven Ergebnissen. Sie bringt zwar eine Fülle großer und üppiger schalenförmiger Blüten von sattem Scharlach-Karmesinrot im Charakter Alter Rosen hervor, die Blüten sind aber oft unförmig und plump. Auch der Wuchs ist keineswegs zufriedenstellend, sondern hoch und hager. Man kann dem entgegenwirken, indem man die Pflanze jedes Jahr auf die Hälfte zurückschneidet, ober man kann sie als Kletterrose ziehen. Sie hat einen kräftigen und angenehmen Duft, aber sie remontiert wenig oder gar nicht. Höhe bis zu 2,40 m. Gezüchtet von Van Fleet (USA), eingeführt 1928.

SARAH VAN FLEET. Ein kräftiger, buschiger, aufrechter Strauch von etwa 2 m Höhe und 1,50 m Breite. Sie ist eine der vielseitigsten Rugosa-Hybriden und sehr verläßlich, eignet sich sowohl für den Garten als auch für öffentliche Anlagen, besonders als Hintergrund für Rabatte. Die Blüten sind groß, halbgefüllt und öffnen sich weit und leicht schalenförmig, in schimmerndem Rosa mit gelben Staubgefäßen. Sie erscheinen gewöhnlich im Sommer und im Herbst in kleinen Büscheln. Wuchs und Laub sind typisch für eine Rugosa-Rose, nämlich grob gemaserte Blätter und viele Stacheln. Gezüchtet von Dr. Van Fleet, USA, angeblich als Kreuzung zwischen *Rosa rugosa* und 'My Maryland', aber eine Überprüfung der Chromosomenzahl hat einige Zweifel an dieser Abstammung aufkommen lassen. Eingeführt 1926. Abbildung Seite 121.

SCABROSA. Ob sie eine Form von *Rosa rugosa* ist oder eine Hybride, ist schwer zu entscheiden. Gewiß ähnelt sie in jeder Hinsicht der Wildrose, aber sie hat von allem etwas mehr. Die einfachen Blüten sind sehr groß, etwa 14 cm im Durchmesser. Sie sind von einem satten Violett-Karmesinrot, die blassen Staubgefäße heben sich gut von den Blütenblättern ab. Der Wuchs ist kräftig, buschig und ausladend, mit großen, dicken, typischen Rugosa-Blättern und vielen Stacheln. Leichter Duft. Bringt viele große und schwere Hagebutten hervor. Höhe etwa 1,20 m bis 1,50 m. Wurde von Harkness & Co (Großbritannien) eingeführt, aber Jack Harkness, der Inhaber dieser Rosenschule, beansprucht in seinem Buch *Roses* kein Urheberrecht auf die Züchtung; er erwähnt lediglich, sie sei zwischen Rosen der Sorte 'Rose Apples' entdeckt worden, er sei jedoch nicht in der Lage, Näheres über ihre Herkunft zu sagen. Abbildung Seite 124.

126

SCHNEELICHT. Es gibt mehrere sehr gute Kreuzungen zwischen *Rosa rugosa* und anderen Wildrosen, eine davon ist diese, das Ergebnis einer Kreuzung mit *R. phoenicea*. Sie bildet einen ausgedehnten Wall von etwa 1,50 m Höhe und 2,40 m Breite, schickt lange, überhängende Triebe in die Höhe, die über ihre ganze Länge mit Büscheln von Blüten bedeckt sind. Sie beginnen als spitze, zartrosa angehauchte Knospen und öffnen sich zu mittelgroßen, einfachen, reinweißen Blüten mit gelben Staubgefäßen. Das Laub ist dunkelgrün, ähnlich wie bei *R. rugosa*. Eine gute Bodendecker-Rose. Gezüchtet von Geschwind (Ungarn), eingeführt 1894.

SCHNEEZWERG. Gilt als Kreuzung mit *Rosa bracteata*, und von dieser Wildrose scheint sie ihr dunkles, glänzendes Laub geerbt zu haben, das wenig Ähnlichkeit mit Rugosa-Laub hat. Ihre einzigartigen Vorzüge sind ihr kompakter, verzweigter Wuchs, die hübsche Form und die Fähigkeit, den ganzen Sommer über zu blühen. Die kleinen, halbgefüllten Blüten sind von reinstem Weiß mit blaßgelben Staubgefäßen. Sie remontieren gut, ihnen folgen hübsche, kleine, orangerote Hagebutten. Höhe etwa 1,50 m. Ein guter, zuverlässiger Strauch, aber nicht sehr aufregend. Gezüchtet von P. Lambert (Deutschland), eingeführt 1912. Abbildung Seite 116.

SOUVENIR DE PHILEMON COCHET. Ein Sport von 'Blanc Double de Coubert', die Blüten sind allerdings viel dichter gefüllt. Man könnte sie mit einer gefüllten Stockrose vergleichen. Sie hat große, hauchdünne äußere Blütenblätter, die zahlreiche kleinere innere Blütenblätter umhüllen. Unter günstigen Bedingungen sind sie wirklich sehr schön und einzigartig, sie leiden jedoch sehr bei nassem Wetter, und in Gegenden mit viel Feuchtigkeit verzichtet man vielleicht besser auf sie. Sie bildet einen Strauch, der niedriger ist als die Stammsorte, ansonsten aber ist der Wuchs gleich. 1,50 m. Entdeckt von Cochet-Cochet (Frankreich), 1899.

VANGUARD. Ein außerordentlich starkwüchsiger und wuchernder Strauch mit großen glänzenden Blättern und großen, unschön geformten Blüten von modernem Aussehen in Lachsorange. Sie blüht eher zögerlich, und wenn man sie zurückschneidet wächst sie nur um so stärker anstatt zu blühen. Stark duftend. Eine Kreuzung zwischen *Rosa wichuraiana*, *R. rugosa* 'Alba' und 'Eldorado'. Höhe bis zu 3,50 m. Eignet sich als Kletterrose. Stevens (USA), 1932.

WHITE GROOTENDORST. Ein Sport von 'Pink Grootendorst', der zweite einer Reihe von Sports von 'F. J. Grootendorst'. Sie ist anscheinend weniger starkwüchsig als ihre Vorläufer, was bei Sports häufig vorkommt. Entdeckt von Eddy (USA), eingeführt 1962.

Bow Bells, *eine Englische Rose mit hübschen schalenförmigen Blüten.*

# KAPITEL 5

# *Englische Rosen*

Wir haben die Geschichte der Alten Rosen von den Anfängen bis zum Höhepunkt ihrer Beliebtheit im 18. und 19. Jahrhundert verfolgt, und ich habe die vielen herrlichen Sorten beschrieben, die zu unserer Freude erhalten geblieben sind. Ich habe erklärt, daß die Mehrzahl dieser Rosen nur im Frühsommer blüht und daß es Ende des 18. Jahrhunderts gelungen war, Rosen zu züchten, die während des ganzen Sommers blühen, nämlich die China-Rosen, die Portland-Rosen, die Bourbon-Rosen und die Remontant-Rosen. Diese wiederholt blühenden Rosen waren nur kurze Zeit beliebt, denn schon bald darauf wurden sie von den Teehybriden, die wir in den meisten modernen Gärten finden, an Popularität überholt und fast völlig aus unseren Gärten verdrängt.

Dies war meiner Auffassung nach eine Tragödie, denn die Blüten der Alten Rosen hatten einen Charme und eine Schönheit, die sie deutlich von den Teehybriden abhoben. Ja, ich möchte sagen, sie waren von sehr viel größerer Schönheit. Es war auch besonders schade, daß bei den wiederholt blühenden Alten Rosen – also insbesondere bei denjenigen, die ich im Kapitel 3: Alte Rosen II beschrieben habe – niemals all ihre Möglichkeiten ausgeschöpft wurden. Keiner wird zwar bestreiten, daß sie schön sind, sie sind jedoch oft schwierig, krankheitsanfällig und durchaus nicht verläßlich remontierend. Und sie haben das begrenzte Farbspektrum ihrer Vorfahren. Gelb-, Apricot- und Pfirsichtöne fehlen fast völlig. Karmesinrot ist bei den wenigsten vorhanden, außer bei den Remontant-Rosen, die sich in Blütenform und Wuchs aber sehr schnell in Richtung auf die Teehybriden entwickelt haben. Alles in allem muß festgestellt werden, daß es nur wenige wirklich gute Alte Rosen gibt, die wiederholt blühen.

Solche Überlegungen waren es, die mich veranlaßten, eine neue Klasse von Rosen zu züchten, der ich den Namen ›Englische Rosen‹ gab. Sie sind das Ergebnis von Kreuzungen Alter Rosen mit modernen Teehybriden und Floribunda-Rosen. Sie vereinen in sich den unvergleichlichen Charakter und die Schönheit der Alten Rosen – gemeinsam mit ihrem natürlichen und anmutigen, strauchartigen Wuchs – mit dem Vorteil der Modernen Rosen, zuverlässig wiederholt zu blühen. Sie haben darüber hinaus die Farbpalette, die wir bei den Modernen Rosen schätzen. Englische Rosen sind sozusagen neue ›Alte Rosen‹, man mag den scheinbaren Widerspruch verzeihen.

Die Englischen Rosen zeichnen sich darüber hinaus durch einen besonders starken Duft aus, den sie von den alten Sorten geerbt haben. Ich halte es nicht für übertrieben zu behaupten, daß sie am intensivsten von allen Rosen duften – stärker sogar als die Alten Rosen selbst. Dies liegt vielleicht daran, daß ich bei meinen Züchtungen besonders darauf geachtet habe, fast ausschließlich duftende Sorten zu verwenden.

Die Züchtung Englischer Rosen begann vor etwa dreißig Jahren. Zwar hatte ich vorher schon einige Kreuzungen ausprobiert, aber erst als ich die wunderschöne Floribunda-Rose 'Dainty Maid' (gezüchtet von E. B. Le Grice) mit der reizenden kleinen Gallica-Rose 'Belle Isis' kreuzte und

BIBI MAIZOON, *Englische Rose. Eine großartige ›Alte Rose‹ von reinster Farbe. Meist ist die Schalenform ausgeprägter als hier.*

BELLE STORY, *eine Englische Rose mit reizend nach innen gebogenen Blütenblättern.*

dabei die heute so beliebte 'Constance Spry' entstand, begann die Geschichte der Englischen Rosen wirklich. 'Constance Spry' ist eine große Strauch- oder Kletterrose von außergewöhnlich kräftigem Wuchs mit sehr großen und trotzdem feinen Blüten von einem herrlichen warmen Rosa. Sie hat bei den Liebhabern Alter Rosen für erhebliches Aufsehen gesorgt, denn sie hat alle Eigenschaften dieser Rosen, und dies war genau das, wonach ich gesucht hatte. 'Constance Spry' blühte allerdings nur einmal. Deshalb kreuzte ich sie zurück mit ausgewählten remontierenden modernen Sorten. Darunter waren die Floribunda-Rose 'Ma Perkins' wegen ihrer schalenförmigen Blüten im alten Stil, die Teehybride 'Monique' wegen ihrer reinrosa Farbe und 'Madame Caroline Testout', eine besonders kräftige alte Teehybride mit Blüten im Stil der Alte Rosen.

Inzwischen kreuzte ich eine weitere Floribunda-Rose von Le Grice, 'Dusky Maiden', mit der dunkel karmesinroten Gallica-Rose 'Tuscany', um rote Farbtöne zu erzielen. Wiederum ergab sich eine einmal blühende Rose im alten Stil, die dunkel weinrote 'Chianti'. Diese kreuzte ich wiederum mit einer frühen Teehybride namens 'Château de Clos Vougeot' wegen ihres dunklen Karmesinrots, das nicht verblaßt. Sie hat auch einen verzweigten Wuchs, was ich mir für die Englischen Rosen wünschte. Leider neigt sie zu eher schwachwüchsigen Sämlingen, deshalb müssen diese nochmals mit starkwüchsigen roten Sorten gekreuzt werden.

Wir hatten nun zwei Linien, eine mit rosa und eine mit roten Blüten, und diese bildeten den Grundstock unserer Züchtungsarbeit. Seitdem haben wir weitere Rosen dazugenommen, immer mit dem Ziel, den strauchartigen Wuchs der Pflanzen zu verbessern, gleichzeitig aber die Blüten im Stil der Alten Rosen beizubehalten oder eher noch zu verbessern. Von ihnen ist besonders 'Schneewittchen' erwähnenswert, eine Sorte, die den Moschata-Hybriden nahesteht und für mein Empfinden eine der prachtvollsten Floribunda-Rosen ist, die jemals gezüchtet wurde. Ihr Einfluß zeigt sich in Sorten wie 'Graham Thomas', 'Perdita' und 'Heritage'.

Um besonders starkwüchsige Sorten zu bekommen, verwendeten wir einige Moderne Kletterrosen, z.B. 'Aloha' und 'Parade'; beide sind nicht nur starkwüchsig, sondern auch stark duftend und haben Blüten im Stil der Alten Rosen. Ferner haben wir 'Louise Odier', 'Conrad Ferdinand Meyer', 'Golden Wings' und 'Chinatown' eingekreuzt – die beiden letzteren wegen der gelben Farbe. Natürlich gab es noch andere, Sie werden dies beim Lesen der Einzelbeschreibungen feststellen. Und viele der Kreuzungen waren auch Fehlschläge.

Bevor ich meine Gedanken und Theorien über die Englischen Rosen weiter vertiefe, möchte ich die heute verfügbaren Sorten beschreiben. Dabei gelingt es mir hoffentlich, ein recht gutes Bild ihres Charakters zu zeichnen.

Zunächst aber möchte ich ein paar Anmerkungen zur Kultivierung von Rosen machen, denn bei den Englischen Rosen gibt es ein paar Besonderheiten. Weitere Informationen und detaillierte Ausführungen dazu enthält Kapitel 7.

Bei der Kultivierung Englischer Rosen sollte man sich einiger Besonderheiten bewußt sein. Englische Rosen sind wiederholt blühend wie die China-Rosen, die Bourbon-Rosen und die Modernen Rosen. Um auch später in der Saison noch Blüten zu erzielen, müssen wir sie in einen fruchtbaren Boden pflanzen und gut düngen, möglichst mit Stallmist oder ähnlichem natürlichem Dünger. Es ist darüber hinaus Feuchtigkeit erforderlich, damit die Blüte während des ganzen Sommers anhält. Wie Mulchen ist auch das richtige Wässern während der Trockenperiode wichtig. Das gilt für alle wiederholt blühenden Rosen, besonders aber für Strauchrosen.

Wie bei allen remontierenden Strauchrosen ist bei Englischen Rosen auch das Zurückschneiden sehr wichtig. Nach den jeweiligen Gegebenheiten schneidet man mehr oder weniger zurück, im allgemeinen empfiehlt sich ein Rückschnitt auf etwa zwei Drittel oder gar die Hälfte der

Länge, nachdem zuvor schwaches, altes oder totes Holz entfernt wurde. Diese Regel sollte nicht zu strikt angewendet werden: Längere Triebe bedeuten weniger Blüten, können aber wichtig sein für eine anmutige Form des Strauches. Man sollte beim Schneiden unbedingt darauf achten, dem Strauch eine ausgewogene Form zu geben.

Ich schneide am liebsten im Januar zurück oder im Spätherbst, allerdings wird meist der März empfohlen. Rosen beginnen früh, auszutreiben. Wenn wir spät zurückschneiden, entfernen wir Triebe, die schon im Wachsen sind. Dies macht an sich nichts, dadurch verzögern wir jedoch den Beginn der Blüte, da der Austrieb neu beginnen muß. Das kann manchmal dazu führen, daß der zweite oder dritte Blütenflor so spät hervorgebracht wird, daß er den ersten Frösten zum Opfer fällt. Alle wiederholt blühenden Strauchrosen, und besonders Englische Rosen, brauchen Zeit, um neue Triebe und Blüten zu entwickeln. Früher Rückschnitt gewährleistet, daß der zweite Blütenflor beginnt, so lange der Boden noch genügend Feuchtigkeit enthält.

Die weniger starkwüchsigen Sorten der Englischen Rosen können bis auf wenige Augen zurückgeschnitten werden, damit sie niedrige Büsche bilden. So werden sie zu ständigem Remontieren angeregt. Denn erst der harte Rückschnitt macht die modernen Buschrosen in dieser Hinsicht so hervorragend. Dadurch eignen sie sich auch besser für Beete und für kleinere Gärten. Sie werden dann allerdings nicht so harmonisch aussehen und etwas von ihrer natürlichen Anmut verlieren.

Starkwüchsige Sorten kann man zu hohen Sträuchern wachsen lassen und als Hintergrund einer Rabatte pflanzen. Dann braucht man nur wenig zurückzuschneiden, lediglich altes Holz sollte entfernt werden, ebenso schwache und tote Triebe. Bei solchem Rückschnitt wird das Remontieren jedoch erheblich reduziert.

Die zarten Farben der Englischen Rosen harmonieren sehr gut mit denen der Alte Rosen und Strauchrosen. Sie blühen weiter, wenn bei letzteren die Blütezeit vorbei ist. Englische Rosen harmonieren auch gut mit anderen Pflanzen in den Rabatten. Wie alle anderen remontierenden Rosen, vertragen sie jedoch keine zu starken Nachbarn, sie sollten deshalb zu anderen starkwüchsigen Pflanzen in angemessenem Abstand stehen.

In kleineren Gärten werden Strauchrosen meist einzeln gepflanzt. Dies kann durchaus wirkungsvoll sein, aber ich kann gar nicht stark genug betonen, wie vorteilhaft es ist, sie in Gruppen von zwei oder drei Sträuchern zu pflanzen. Die Pflanzen verschlingen sich dann ineinander und ergeben ein buschigeres Ganzes. Wir erreichen auch mehr Kontinuität in der Blüte, denn hört eine Pflanze vorübergehend mit dem Blühen auf, blühen die anderen weiter.

Alle wiederholt blühenden Rosen, welcher Art auch immer, sind mit der ungeheuren Aufgabe, den ganzen Sommer über Blüten hervorzu-

ABRAHAM DARBY, *Englische Rose. Ein hübscher, mittelgroßer Strauch, der große schalenförmige Blüten in ungewöhnlicher Fülle und Kontinuität hervorbringt.*

*Rechts:* BREDON, *eine niedrige, robuste Englische Rose, die sehr üppig und wiederholt blüht.*

CHARLES AUSTIN, *Englische Rose. Sehr große Blüten und kräftiger, aufrechter Wuchs.*

bringen, so in Anspruch genommen, daß sie Schwierigkeiten haben, einen wirklich guten Strauch zu bilden. Aus diesem Grund pflegen wir Teehybriden dicht in Beete und Rabatte zu pflanzen; eine Teehybride allein macht nicht allzu viel her. Obwohl Englische Rosen kräftiger im Wuchs sind, besteht das gleiche Problem. Es ist eine bekannte Tatsache, daß die meisten Pflanzen in Gruppen am besten aussehen. Erfahrene Gartenfreunde pflanzen selten eine Pflanze allein, ausgenommen vielleicht große Sträucher. Dies gilt auch für Englische Rosen.

Englische Rosen werden nun schon seit einer Reihe von Jahren gezüchtet. Es ist deshalb unvermeidlich, daß die neueren Sorten einigen der älteren überlegen sind. Die älteren Sorten sind oft nicht weniger schön, nicht alle aber eignen sich gleich gut als Gartenpflanzen. Ich habe deshalb beschlossen, in dieser Ausgabe meines Buches die besonders verläßlichen und hervorragenden Sorten der Englischen Rosen mit einem Stern(*) zu kennzeichnen. Ich hoffe, daß sich dadurch Gartenfreunde und Sammler nicht davon abhalten lassen, auch die anderen Sorten zu pflanzen, denn auch sie machen viel Freude, besonders, wenn man ihnen etwas mehr Liebe und einen bevorzugten Standort gibt.

Damit Sie das Beste aus Ihren Englischen Rosen machen, ist es wichtig, die Hinweise in den beiden vorangegangenen Absätzen – also zur Gruppenpflanzung und zur Auswahl der Sorten – zu beachten.

## Englische Rosen

* ABRAHAM DARBY. Diese Sorte ist unter den Englischen Rosen insofern außergewöhnlich, als sie eine Kreuzung zwischen zwei Modernen Rosen ist, der Floribunda-Rose 'Yellow Cushion' und 'Aloha', einer modernen Kletterrose; die Blüten beider Elternsorten ähneln aber denen Alter Rosen. 'Abraham Darby' ist eine echte Strauchrose, sie bildet einen hübschen Strauch von bis zu 1,50 m Höhe mit langen, überhängenden Trieben und glänzendem Laub. Die Blüten haben, trotz ihrer Abstammung, das Aussehen Alter Rosen, sind groß, in Form einer tiefen Schale und locker mit Blütenblättern gefüllt. Die Blütenfarbe ist ein weiches Pfirsichrosa auf der Innenseite der Blütenblätter und ein blasses Gelb außen. Die inneren Blütenblätter rollen sich nach innen, was eine Mischung aus Gelb und Rosa ergibt. Alle diese Schattierungen verblassen mit der Zeit zu den Rändern hin und ergeben einen weichen und hübschen Anblick. Sie hat einen köstlichen, kräftigen Duft, ist winterhart, resistent gegen Krankheiten und remontierend. Austin (Großbritannien), 1985. Abbildung Seite 134.

AMBRIDGE ROSE. Sie ist eine gute Gartenrose für jeden Standort. Sie blüht sehr üppig und ununterbrochen, hat einen hübschen, buschigen Wuchs und eignet sich gleichermaßen für Beete und Rabatte. Die Blüten sind mittelgroß, zunächst schalenförmig, dann öffnen sie sich zu einer lockeren Rosette. Ihre Farbe ist in der Mitte ein dunkles Apricot, das zu den Rändern hin blasser wird. Höhe etwa 75 cm. Benannt auf Wunsch der B.B.C. nach der erfolgreichen Serie 'Archers'. 'Charles Austin' × ein Sämling. Austin (Großbritannien), 1990.

* APRICOT PARFAIT ('Evelyn'). Eine der großartigsten Englischen Rosen, die wir gezüchtet haben. Ihre Blüten sind ungewöhnlich groß und öffnen sich zu einer vollendeten Schale, die mit zahlreichen ausgesprochen regelmäßig angeordneten Blütenblättern gefüllt ist. Diese biegen sich allmählich zurück und bilden eine rosettenförmige Blüte. Ihre Farbe ist ein reizendes Apricot mit Gelb. 'Evelyn' gehört derselben erfolgreichen Linie an wie 'Jayne Austin' und 'Sweet Juliet', die eng mit der Noisette-Rose 'Gloire de Dijon' verwandt sind. Der Einfluß dieser berühmten Alten Rosen ist an den Blüten zu sehen. 'Evelyn' wurde in Zusammenarbeit mit den Parfumherstellern Crabtree & Evelyn eingeführt, und sie hat, wie man erwarten darf einen besonders kräftigen und köstlichen Duft. Unserer Ansicht nach sind 'Evelyn' und 'Gertrude Jekyll' zwei der am stärksten duftenden Rosen überhaupt. Ihr Wuchs ist vielleicht ein bißchen steif – etwa 1 m hoch – aber dies ist ein kleiner Nachteil bei einer so wunderschönen Blüte. 'Graham Thomas' × 'Tamora'. Austin (Großbritannien), 1991. Abbildung Seite 151.

* AUSTIN'S COTTAGE ROSE ('Cottage Rose'). Wer eine gute, dauerblühende Gartenrose im Stil der Alten Rosen sucht, kann kaum eine bessere Pflanze finden. Sie hat reizvolle, mittelgroße, schalenförmige Rosettenblüten von einem herrlichen warmen Rosa. Kaum ist ein Blütenflor hervorgebracht, erscheinen überall an der Pflanze zahlreiche kleine Zweige, bereit für die nächsten Blüten. Diese sind hübsch, aber nicht sehr auffällig duftend. 'Wife of Bath' × 'Mary Rose'. Höhe etwa 1 m. Austin (Großbritannien), 1991. Abbildung Seite 11.

BELLE STORY. Die Blüten dieser Rose sind groß und vollkommen symmetrisch im Umriß. Die Blütenblätter öffnen sich weit und rollen sich an den Rändern nach innen ein. In der Mitte zeigen sie ein hübsches Bündel Staubgefäße. Die Blüten wirken wie halbgefüllte Päonien. Sie erscheinen in kleinen bis mittelgroßen Büscheln. Ihre Farbe ist ein zartes Rosa, das zu den Rändern hin etwas blasser wird. Sie hat einen angenehmen Duft. Ein kräftiger und gesunder Strauch von etwa 1,20 m Höhe. Belle Story war eine der ersten Krankenschwestern, die als Offizier der Royal Army diente. Austin (Großbritannien), 1984. Abbildung Seite 131.

CHAUCER, *eine Englische Rose mit Blüten in der Art der Alten Rosen und einem kräftigen Myrrheduft.*

CHARLES RENNIE MACKINTOSH. *Englische Rose. Ein schöner Lilaton (kräftiger als auf diesem Bild). Ihr Wuchs ist frei und kräftig.*

BROTHER CADFAEL. *Ihre Blüten gehören zu den größten unter den Englischen Rosen, trotzdem mangelt es ihnen nicht an Eleganz.*

BIBI MAIZOON. Als ich diese Rose zum erstenmal blühen sah, war ich sehr aufgeregt, denn sie erschien mir in hohem Maße als die ideale Englische Rose. Ihr Wuchs ist bogenförmig, sie bildet einen eleganten Strauch, und die mittelgroßen Blüten sind von vollkommener, tiefer Schalenform. Sie sind dicht mit Blütenblättern gefüllt, im kräftigsten, reinsten Rosa, das man sich vorstellen kann. Sie duftet auch stark. Leider blüht sie in den ersten beiden Jahren nach dem Pflanzen nur zögernd. 'The Reeve' × 'Chaucer'. Austin (Großbritannien), 1989. Abbildung Seite 130.

BOW BELLS. Ein guter, buschiger Strauch von kräftigem Wuchs, aber keine typische Englische Rose – eher einer Floribunda-Rose ähnlich. Die Blüten sind klein bis mittelgroß, von kräftigem Rosa und ausgeprägter Schalenform. Sie erscheinen in großen Büscheln und haben ein reizvolles, glockenähnliches Aussehen. Eine sehr vielseitige Rose, die hervorragend gedeiht, ohne besondere Ansprüche zu stellen. Duftend. Etwa 1,20 m hoch und fast ebenso breit. Austin (Großbritannien), 1991. Abbildung Seite 128.

BREDON. Wäre diese Rose als Floribunda-Rose eingeführt worden, hätte sie vermutlich große Beliebtheit erlangt, denn sie hat viele der Vorzüge, die man bei Floribunda-Rosen sucht. Sie bildet einen niedrigen, aber starkwüchsigen kleinen Busch und bringt viele kleine Blüten in großen Büscheln hervor, so daß der Strauch völlig mit Blüten bedeckt ist. Diese sind allerdings eher denen der Alten Rosen ähnlich: kleine, perfekt geformte Rosetten von etwa 6 cm Durchmesser und mit vielen Blütenblättern. Ihre Farbe ist ein Bernsteingelb, in der Mitte dunkler, zu den Rändern hin blasser. Sie haben einen kräftigen, fruchtigen Rambler-Duft. Sie eignet sich gut für niedrige Hecken. Höhe knapp 1 m. 'Wife of Bath' × 'Lilian Austin'. Austin (Großbritannien), 1984. Abbildung Seite 135.

* BROTHER CADFAEL. Diese Rose hat außergewöhnlich große Blüten. Nicht, daß wir besonders darauf hin gezüchtet hätten, aber es gibt immer Liebhaber hierfür, und sie sind auch niemals plump. Sie sind von vollkommener Schalenform, von weichem Rosa und sehen frisch und gesund aus. Der Wuchs ist kräftig, etwa 1 m hoch und buschig, so daß die Blüten im Verhältnis zur Größe des Strauches nicht unproportioniert wirken. Für eine so große Blüte remontiert sie gut, und sie duftet wundervoll. Solche Blüten machen sich besonders gut in einem Arrangement verschiedener Rosen oder mit anderen Blumen. 'Charles Austin' × ein Sämling. Austin (Großbritannien), 1990. Abbildung Seite 139.

CANTERBURY. Ihre Blüten sind groß, fast einfach, weit geöffnet und von einem lieblichen warmen Rosa mit einem seidigen Glanz und einem hübschen Bündel gelber Staubgefäße. Sie ist eine der schönsten einfach blühenden Rosen, die ich kenne, ihr Wuchs ist allerdings etwas schwach und der Busch im Verhältnis zu den Blüten nicht groß genug. Trotzdem, meine ich, verdient sie ihren Platz im Garten. Sie hat einen hübschen, verzweigten Wuchs, etwa 75 cm hoch. Duftend. Teehybride 'Monique' × ('Constance Spry' × Sämling). Austin (Großbritannien), 1969.

CARDINAL HUME. Auf Vorschlag der Züchter, Harkness & Co., habe ich diese Rose hier eingeordnet, denn sie hat viele Eigenschaften einer Englischen Rose. Die kleinen Blüten von sattem Karmesinpurpur mit einem kräftigen, fruchtigen Duft erscheinen in Büscheln. Ihre Form läßt vielleicht etwas zu wünschen übrig, das wird aber durch den ausgezeichneten Wuchs mehr als ausgeglichen. Ihr einziger Mangel ist eine gewisse Anfälligkeit für Sternrußtau. Sie blüht außergewöhnlich dauerhaft. Schwach duftend. Harkness (Großbritannien), 1984.

CHARLES AUSTIN. Ein kräftiger, aufrechter Strauch mit großen, glänzenden modernen Blättern und außergewöhnlich großen, schalenförmigen, dicht gefüllten Blüten von einem Apricotgelb, das mit der Zeit verblaßt und eine rosa Schattierung annimmt. Kräftiger, fruchtiger Duft. Sie blüht zwar nicht durchgehend, bringt aber im Herbst zuverlässig einen zweiten Blütenflor hervor. Höhe 1,20 m bis 1,80 m. Neben unseren neueren Züchtungen wirkt sie vielleicht etwas grob, aber als Hintergrund einer Rabatte kann sie sehr stattlich aussehen, wenn sie nur wenig zurückgeschnitten wird; dann kann sie viel größer werden. Ansonsten schneidet man die Triebe besser auf die Hälfte ihrer Länge zurück, damit sie nicht unansehnlich wird. 'Aloha' × 'Chaucer'. Austin (Großbritannien), 1973. Abbildung Seite 134.

CHARLES RENNIE MACKINTOSH. Es gibt viele, denen die Purpur- und Lilatöne unserer Modernen Rosen nicht gefallen, und auch ich finde sie wirklich nicht attraktiv. Sie sind oft zu grell und metallisch. Bei dieser Rose empfinde ich anders. Sie hat ein angenehmes Lila – ein Lilarosa, das zu Lila tendiert. Die Blüten sind anfangs schalenförmig, später öffnen sie sich. Sie wirken etwas gerüscht und feminin, was vielen gefällt. Der Wuchs ist gesund und drahtig, mit vielen Stacheln und dunklem Laub. Sie paßt gut zu anderen Farben, sowohl im Haus als auch im Garten. Kräftiger Duft. Höhe etwa 1 m. 'Chaucer' × 'Conrad Ferdinand Meyer'. Austin (Großbritannien), 1988. Abbildung Seite 138.

CHARMIAN. Große, schwere, rosettenförmige Blüten von sattem Rosa mit dem wunderbaren Duft Alter Rosen. Sie erscheinen an ausladenden, ziemlich locker herabhängenden Trieben, ähnlich wie bei 'Lilian Austin', und drücken die Zweige durch ihr Gewicht manchmal bis zum Boden. Sie wird gewöhnlich etwa 1,20 m hoch, bildet aber mitunter viel längere

COUNTRY LIVING, *eine der bezauberndsten Englischen Rosen mit Blüten im Stil der echten Alten Rosen.*

CYMBELINE, *eine Englische Rose von zartem, hellbraunem Rosa. Reizvoll überhängender Wuchs.*

DOVE, *eine Englische Rose mit Teerosen-Knospen, die sich zu rosettenförmigen Blüten öffnen; elegant verzweigter Wuchs.*

DAPPLE DAWN, *Englische Rose. Diese Rose und ihr Elternteil 'Red Coat' gehören zu den am ausdauerndsten blühenden Strauchrosen.*

CHIANTI, *Englische Rose. Sie ist das karmesinrote Gegenstück zu 'Constance Spry', mit kleineren Blüten, aber schönerem Wuchs.*

Triebe. 'Lilian Austin' × namenloser Sämling. Austin (Großbritannien), 1982. Abbildung Seite 149.

CHAUCER. Eine Rose ganz in der ›alten‹ Tradition. Die Hauptblüten sind recht groß, tief schalenförmig und neigen zu einer geschlossenen Kelchform, die Seitenblüten dagegen sind eher flach und zeigen ihre Staubgefäße. Ihre Farbe ist ein helles Rosa, das zu den Rändern hin blasser wird. Kräftiger Duft nach Myrrhe. Ein ziemlich aufrechter Wuchs mit kleinen Stacheln wie bei einer Gallica-Rose und recht großen Blättern von einem mittleren Grün. Höhe etwa 1 m. Ihre Abstammung ist interessant und etwas überraschend: 'Duchesse de Montebello' × 'Constance Spry', von denen keine wiederholt blüht. Ein Elternteil von 'Constance Spry' ist remontierend, und anscheinend ist dies bei 'Duchesse de Montebello' ebenso der Fall, andernfalls wäre es unwahrscheinlich, daß diese Eltern eine remontierende Rose wie 'Chaucer' hervorgebracht hätten. Austin (Großbritannien), 1970. Abbildung Seite 138.

CLAIRE ROSE. Große Blüten, die anfangs von einem zarten Blaßrosa und schalenförmig sind, später öffnen sie sich zu einer flachen, dicht gefüllten Rosette, wobei sich die Blütenblätter schließlich leicht zurückbiegen; sie verblaßt fast zu Weiß. Der Wuchs ist kräftig und aufrecht, die Blätter sind groß und blaßgrün. Eine wunderschöne Englische Rose, ihr einziger Fehler liegt darin, daß die Blätter bei Regen leicht fleckig werden. Man sollte solche Blüten dann entfernen. Duftend. Höhe etwa 1,20 m und knapp 1 m breit. Benannt nach meiner Tochter Claire. Austin (Großbritannien), 1986. Abbildung Seite 147.

* COUNTRY LIVING. Eine ausgezeichnete Sorte im typischen Stil Alter Rosen – ja, man könnte sagen, sie ist die Verkörperung einer echten Alten Rose. Die Blüten sind perfekt geformt und von einem weichen Rosa, das fast zu Weiß verblaßt. Zahlreiche kurze Blütenblätter setzen sich zu einer vollendeten Rosette zusammen. Sie bildet einen niedrigen Strauch von zweigigem, buschigem Wuchs mit kleinen Blättern und Stacheln. Gelegentlich wurde beobachtet, daß einzelne Triebe absterben, ähnlich wie bei 'Wife of Bath'. Wir hatten dieses Problem bisher nicht, aber es muß niemanden irritieren, denn sie bildet von der Basis schnell wieder neue Triebe. Duftend. Höhe knapp 1 m. 'Wife of Bath' × 'Graham Thomas'. Austin (Großbritannien), 1991. Abbildung Seite 142.

CRESSIDA. Sehr große Blüten von weichem Rosa, apricotfarben auf der Rückseite der Blätter, beide Farben zusammen ergeben eine hübsche Wirkung. Es ist nicht leicht, die Blüten zu beschreiben. Sie sind schalenförmig mit unregelmäßig angeordneten Blütenblättern, was ihnen ein etwas künstliches Aussehen verleiht, ähnlich wie bei den Rosen, die nach

DARK LADY, *eine Englische Rose mit verzweigtem Wuchs und großen, attraktiven, lockeren Blüten von dunklem Karmesinrot.*

der Jahrhundertwende von den Damen angesteckt wurden, oder wie frühe Teehybriden, die sich dicht gefüllt öffnen. Sie zeigt jedoch die große Vielfalt der Formen, die bei Rosen möglich ist. 'Cressida' ist das Ergebnis einer Kreuzung zwischen 'Conrad Ferdinand Meyer' und 'Chaucer', was Hinweise auf ihr Aussehen gibt. Den Wuchs hat sie von ihrem Rugosa-Elternteil geerbt, mindestens 1,80 m hoch, aufrecht und vielleicht ein bißchen plump, mit vielen großen Stacheln und großen, grob gemaserten Blättern. Kräftiger Myrrheduft. Austin (Großbritannien), 1983.

ENGLISH ELEGANCE, *eine Englische Rose mit interessanten Farben, elegantem Wuchs und großen Blüten.*

* CYMBELINE. Große Blüten mit einem Durchmesser von 10 cm oder mehr öffnen sich flach und locker mit Blütenblättern gefüllt. Ihre Farbe ist ausgesprochen ungewöhnlich, ein zartes, hellbraunes Rosa mit braunen Schattierungen. Dies ist vielleicht nicht jedermanns Geschmack, mir gefällt es jedoch sehr gut und ich finde es zur Farbgestaltung im Garten ausgesprochen attraktiv. Der elegante, bogig zum Boden überhängende Wuchs bringt die Blüten voll zur Geltung. Sie ist in der Tat dauerblühend und hat einen kräftigen Myrrheduft. Höhe etwa 1,20 m. Austin (Großbritannien), 1982. Abbildung Seite 142.

DAPPLE DAWN. Mir fällt es immer schwer, die einfach blühenden Alten Rosen einzuordnen. Die Blüten im Stil der Alten Rosen rechtfertigen es, die Englischen Rosen als gesonderte Gruppe anzusehen, die einfach blühenden Rosen könnte man aber ebensogut der Klasse zuordnen, die etwas vage als ›Moderne Strauchrosen‹ bezeichnet wird. Diese Rose ist ein gutes Beispiel dafür. 'Dapple Dawn' ist ein Sport von 'Red Coat'. Die Blüten sind groß, 10 bis 12 cm im Durchmesser, und erscheinen einzeln

146

in geöffneten Büscheln. Sie sind von zartem Rosa, in einem kräftigeren Rosa geädert und tragen lange gelbe Staubgefäße. Die Blütenblätter sind recht dünn, weshalb sie manchmal ganz fein gesponnen wie im Altweibersommer wirken, aber es ist der Gesamteindruck, der so fasziniert. Diese Rose in einer Gruppe gepflanzt zu sehen, wenn ihre Blüten zierlich über dem Laub schweben, ist ein bezaubernder Anblick. Wie 'Red Coat' ist sie ein ausgezeichneter Strauch und fast nie ohne Blüten. Schwach duftend. Austin (Großbritannien), 1983. Abbildung Seite 143.

DARK LADY. Sie ist das Ergebnis einer Kreuzung der Englischen Rosen 'Mary Rose' und 'Prospero'. Abgesehen von der dunklen Farbe scheint sie dem ersteren Elternteil zu folgen. Die Blüten sind größer als bei 'Mary Rose', haben aber die gleiche lockere Form, was ihnen einen besonderen Reiz verleiht. Sie neigt zu einem niedrigen und ausladenden Wuchs, und sie trägt sehr anmutig ihre Blüten mit dem typischen kräftigen Duft der Alten Rosen. Höhe knapp 1 m. Der Name wurde von der 'Dark Lady' in

CLAIRE ROSE, *Englische Rose. Große Blüten in flacher Schalenform.*

EIN GARTEN MIT *Englischen Rosen in David Austins Rosenschule. Im Vordergrund 'Perdita', bei der gelben Rose handelt es sich um 'Graham Thomas'.*

Shakespeares Sonnetten inspiriert. Austin (Großbritannien), 1991. Abbildung Seite 145.

DOVE. Ein niedriger, sich ausbreitender Strauch von etwa 75 cm Höhe und knapp 1 m Breite. Die Blüten erinnern an Teerosen, aber nur im Knospenstadium. Sie sind spitz und öffnen sich zu einer hübschen Rosette. Ihre Farbe ist weiß, getönt mit mattem Rosé. Ihr anmutiger Wuchs und die elegante Anordnung der Blüten machen ihre besondere

EMILY, *Englische Rose. Keine große Pflanze, aber die Blüten haben eine wunderschöne und einzigartige Form.*

CHARMIAN, *eine Englische Rose von mittlerer Größe mit großen Blüten und einem kräftigen Duft.*

FAIR BIANCA, *eine Englische Rose, die an einem niedrigen Busch mittelgroße Blüten von vollendeter Form hervorbringt.*

Schönheit aus. Die Blätter sind spitz und von der Art der Moschata-Hybriden. Der Duft ist frisch. Ein Strauch, der sich gut für den Vordergrund einer Rabatte eignet. 'Wife of Bath' × (namenloser Sämling × 'Schneewittchen'). Austin (Großbritannien), 1984. Abbildung Seite 143.

EMANUEL. Große, schwere, üppige Blüten von einem weichen Zartrosa, das an der Basis goldfarben schattiert ist. Sie öffnen sich ziemlich flach. Die zahlreichen Blütenblätter sind in der Mitte auf ungewöhnliche Weise gedreht und gerollt, wodurch sich die Farben sehr reizvoll vermischen. Stark duftend. Der Wuchs ist stark, etwa 1,20 m hoch, und sie ist ausgesprochen reichblühend. Ihre einzige Schwäche ist eine Anfälligkeit für Sternrußtau, und dort, wo diese Krankheit vorkommt, sollte gespritzt werden. Diese Rose erhielt ihren Namen nach David und Elizabeth Emanuel, den bekannten Modedesignern. Austin (Großbritannien), 1985.

EMILY. Bei einigen Rosen ist man als Züchter unsicher, ob man sie einführen sollte, und 'Emily' ist ein solcher Fall. Form und Stärke des Wuchses lassen ein wenig zu wünschen übrig. Die Blüten sind jedoch von solcher Zartheit und solchem Charme, daß wir meinten, es wäre schade, sie nicht einzuführen. Die Blüten beginnen als reizvolle Knospen,

APRICOT PARFAIT, *eine der schönsten Englischen Rosen mit sehr intensivem Duft.*

151

und die äußeren Blütenblätter öffnen sich weit, während die inneren eine Schalenform behalten – fast wie Tasse und Untertasse. Allmählich öffnen sich auch die inneren Blütenblätter zu einer schalenförmigen Rosette, während die äußeren herabhängen. Die äußeren Blütenblätter sind fast weiß, die inneren von einem strahlenden Zartrosa. Wenn sie gut gedüngt und liebevoll versorgt wird, ist sie eine höchst zufriedenstellende Rose. Stark duftend. Höhe etwa 75 cm. 'The Prioress' × 'Mary Rose'. Austin (Großbritannien), 1992. Abbildung Seite 149.

ENGLISH ELEGANCE. Ziemlich große Blüten, die sich weit öffnen. Dabei behalten die äußeren Blütenblätter ihre Form, während die inneren sich in alle Richtungen drehen und wenden, was sehr hübsch aussieht. Ihre Farbe ist schwer zu beschreiben: Die äußeren Blütenblätter sind zuerst blaßrosa, werden allmählich rosa und zeigen schließlich in der Mitte ein kräftiges, klares Lachsrosa. Gleichzeitig sind die Unterseiten der Blütenblätter goldfarben schattiert; zusammen mit den anderen Farben entsteht ein ständig wechselnder Effekt, wenn sich die Blüten entfalten. Der Wuchs ist kräftig, aber anmutig, etwa 1,20 m bis 1,50 m hoch, mit langen Trieben, die sich nach außen biegen und in gleichmäßigem Abstand Büschel mit Blüten tragen. Austin (Großbritannien), 1986. Abbildung Seite 146.

* ENGLISH GARDEN siehe 'Schloß Glücksburg'.

FAIR BIANCA. Ein niedriger, aufrechter Strauch von knapp 1 m Höhe, der im Aussehen an an eine Gallica-Rose erinnert. Die Blüten haben die Form der schönsten Alten Rosen, elegant gewachsene, flache Schalen, gefüllt mit kleinen Blütenblättern. Ihre Farbe ist reinstes Weiß, in der

GRAHAM THOMAS, *eine einzelne Blüte dieser schönen Englischen Rose.*

152

SCHLOSS GLÜCKSBURG ('English Garden'), *Englische Rose. Hübsch geformte Blüten an einem niedrigen Busch.*

Mitte ist ein Knopfauge zu sehen und darin als grüner Punkt die Narbe. Sie hat kleine, hellgrüne Blätter und dünne, spitze Stacheln. Kräftiger Myrrheduft. Es ist nicht übertrieben zu sagen, daß die Blüten in der Perfektion ihrer Form denen von 'Madame Hardy' nahekommen. Ansonsten ähnelt sie in Blüte und Wuchs der Elternsorte 'Belle Isis'. Eine gute Rose für den kleinen Garten. Austin (Großbritannien), 1982. Abbildung Seite 150.

FINANCIAL TIMES CENTENARY. Große, angenehm duftende, kugelige Blüten von dem klarsten und reinsten Rosa, das man sich vorstellen kann. Ihr Wuchs ist meist straff aufrecht, was vielen als Nachteil erscheinen mag, obwohl sie sich gut als Hintergrund für andere Rosen oder Pflanzen eignet. Angenehmer Duft. Höhe etwa 1 m. Der Name wurde aus Anlaß des hundertjährigen Bestehens der *Financial Times* gewählt. Sämling × Sämling. Austin (Großbritannien), 1988.

FISHERMAN'S FRIEND. Recht große, dicht gefüllte Blüten, die erst schalenförmig sind und sich später zu einer reizvollen Rosette öffnen – ihre Farbe verändert sich mit der Zeit von einem dunklen Granatrot in ein dunkles Kirsch-Karmesinrot. Der Wuchs ist kräftig und stachelig mit dunkelgrünen, grob gemaserten Blättern, was auf *Rosa rugosa* zurückgeht. Sie ist eine ausgezeichnete, robuste Rose, die sich im kanadischen Klima als ausgesprochen winterhart bewährt hat. In England ist sie leider anfällig für Sternrußtau (in Deutschland besonders für Rosenrost, A.d.Ü.). Kräftiger Duft. Etwa 1 m Höhe. 'Lilian Austin' × 'The Squire'. Austin (Großbritannien), 1987.

*Rechts:* FRANCINE AUSTIN, *Englische Rose. Eine zierliche Noisette-Hybride, mit den langen, dünnen Trieben, den hübsch angeordneten Blüten und den glänzenden Blütenblättern der Elternsorte. Ein kleiner Strauch mit elegantem, überhängendem Wuchs.*

*Links:* HERO, *Englische Rose. Schalenförmige Blüten von ungewöhnlich reiner Farbe.*

\* FRANCINE AUSTIN. Diese Rose züchteten wir durch Kreuzung der wunderschönen Noisette-Rose 'Alister Stella Gray' mit 'Ballerina', einer der verläßlichsten unter den Modernen Strauchrosen. Das Ergebnis ist ein mittelgroßer Strauch von gefälligem, überhängendem Wuchs mit Büscheln kleiner, reinweißer Blüten. Man könnte sie deshalb zu Recht als Bodendeckerrose bezeichnen. Ich erwähne sie hier, weil sie viel von der Feinheit der alten Noisette-Rosen bewahrt hat. Wie bei den Noisette-Rosen erscheinen die Blüten an dünnen, ›drahtigen‹ Trieben in gleichmäßigen Abständen in zierlichen Büscheln. Sie blüht reichlich und ununterbrochen – die langen Zweige sind oft ganz in Weiß gehüllt und ergeben ein reizendes Bild. Das Laub ist blaßgrün – die Blätter bestehen aus langen Fiederblättchen. Höhe etwa 1 m bis 1,20 m und ebenso breit. Sie ist nach meiner Schwiegertochter benannt. Austin (Großbritannien), 1988. Abbildung Seite 155.

\* GARTENARCHITEKT GÜNTHER SCHULZE ('The Pilgrim'). Sie ist vielleicht die kräftigste, gesündeste und verläßlichste Englische Rose, und ihre bezaubernden Blüten sind von äußerster Zartheit. Sie bilden recht große, gleichmäßige Rosetten, die mit zahlreichen, kleinen Blütenblättern von weichem Gelb gefüllt sind. Die ganze Rose ist ein zartes, gefälliges Gebilde. Die Blüten sind besonders schön, wenn sie in einer Schale arrangiert werden. Diese Sorte hat eine interessante Besonderheit, die

PRETTY JESSICA, *Englische Rose. Ein niedriger Busch für den kleineren Garten.*

GERTRUDE JEKYLL, *Englische Rose. Außergewöhnlich stark duftende Blüten ganz im Stil Alter Rosen. Kräftig und zuverlässig.*

meines Wissens einmalig ist (obwohl es mit Sicherheit jemanden geben wird, der mir das Gegenteil beweisen kann): Die Blüten erscheinen nicht nur – was üblich ist – an den Stengeln, die sich an den Blattachseln bilden, sondern manchmal auch direkt am Zweig. Es wirkt, als habe sie eine solche Energie, Blüten hervorzubringen, daß sie dies manchmal an den unglaublichsten Stellen tut! Sie ist wirklich eine sehr reichblühende Rose. 'Graham Thomas' × 'Yellow Button'. Höhe etwa 1 m. Austin (Großbritannien), 1991. Abbildung Seite 7.

* GERTRUDE JEKYLL. Bei der Züchtung Englischer Rosen besteht immer die Gefahr, daß wir im Laufe der Zeit unversehens wieder in die Teehybriden und Floribunda-Rosen zurückfallen. Die Gene, die für das Remontieren verantwortlich sind, sind eng mit diesen Rosen verbunden, und wenn wir danach streben, Elternsorten auszusuchen, die gut remontieren, ist damit immer die Tendenz verbunden, daß wir viel von den Merkmalen der Modernen Rosen mit in unsere Züchtungen einbringen. Wenn dies geschieht, drohen die Eigenschaften Alter Rosen, die das Wesentliche der Englischen Rosen ausmachen, verloren zu gehen. Um das zu vermeiden, habe ich von Zeit zu Zeit Rückkreuzungen zu den Alten Rosen vorgenom-

GLAMIS CASTLE, *eine weiße Englische Rose, die ununterbrochen blüht.*

GOLDEN CELEBRATION, *eine herrliche Englische Rose mit riesigen goldgelben Blüten und anmutigem Wuchs.*

men. Diese Rose ist eine Kreuzung der Englischen Rose 'Wife of Bath' mit der alten Portland-Rose 'Comte de Chambord'. 'Gertrude Jekyll' ist von einem satten, dunklen, warmen Rosa, manchmal, bei kühlem Wetter, fast rot, mit hübschen Knospen, die der ausdrucksvollen Alba-Rose 'Celestial' nicht unähnlich sind. Sie öffnen sich, fast überraschend, zu stattlichen, gut gefüllten Rosetten mit Blütenblättern, die oftmals mit höchster Präzision von der Mitte aus spiralförmig angeordnet sind. Die Blüten sind sehr groß, gelegentlich zeigt sich am Ende eines sehr starken Triebes sogar eine riesige Blüte. Hinzu kommt ein besonders kräftiger Duft – der echte Damascena-Duft des Portland-Rosen-Elternteils. Sie ist in hohem Maße eine Alte Rose, mit starker Ähnlichkeit zu ihrer Portland-Rosen-Stammsorte. Sie wurde deshalb für den gewerblichen Anbau ausgewählt, um daraus – erstmals wieder nach 250 Jahren in England – ein Rosenparfum zu gewinnen. Ich kenne keine andere Rose, die einen so kräftigen Duft hat. Höhe etwa 1,50 m. Gertrude Jekyll hat, wie viele von Ihnen wissen werden, starken Einfluß auf die Gestaltung der Gärten in England ausgeübt und ein wunderschönes Buch über Rosen geschrieben: *Roses for English Gardens.* Austin (Großbritannien), 1986. Abbildung Seite 157.

JAYNE AUSTIN, *Englische Rose. Eine wunderschöne Rose, die in ihren zarten, glänzenden Blütenblättern Noisette-Einfluß zeigt.*

GRAHAM THOMAS, *Englische Rose. Schalenförmige Blüten in einem schönen Gelbton. Starker Teerosenduft.*

* GLAMIS CASTLE. Wir halten sie für die beste weiße Rose, die wir bisher gezüchtet haben. Ihre schalenförmigen Blüten haben den Charme und die typische Form Alter Rosen. Manchmal zeigt sich bei der sich öffnenden Blüte in der Mitte ein Hauch von Bernsteingelb. Kräftiger Myrrheduft. Ihr Wuchs ist niedrig und buschig mit zahlreichen verzweigten Trieben, und die Blüten wachsen außergewöhnlich reichlich und ausdauernd, so daß sie sich bestens für Rabatte und als Beetrose eignet. Nicht selten wurde uns berichtet, sie blühe sogar öfter und ausdauernder als die übliche Floribunda-Rose. Sie ist das Ergebnis einer Kreuzung zwischen 'Graham Thomas' und 'Mary Rose'. Ohne Zweifel hat sie ihre Blühfreudigkeit und -ausdauer von 'Mary Rose' geerbt. Höhe knapp 1 m.

Glamis Castle (Schottland) ist der Sitz der Grafen von Strathmore und Kinghorne und seit 1372 königliche Residenz. Die Mutter von Königin Elizabeth II. hat dort ihre Kindheit verbracht, Prinzessin Margaret wurde dort geboren, und es ist der sagenumwobene Schauplatz von Shakespeares Schauspiel *Macbeth*. Es ist eines der bedeutendsten Schlösser Großbritanniens. Austin (Großbritannien), 1992. Abbildung Seite 158.

* GOLDEN CELEBRATION. Diese Sorte entwickelt sich zu einer der allerbesten Englischen Rosen. Einmal wegen ihrer herrlichen, großen, goldfarbenen und schalenförmigen Blüten, die einen Durchmesser von über 12 cm erreichen können, aber auch wegen ihres ausgezeichneten Wuchses. Ihre Blüten erscheinen an eleganten, leicht überhängenden Trieben, und der Strauch selbst ist hübsch rund. Das Laub ist von einem hellen, glänzenden Grün, was sehr gut mit der Farbe der Blüten harmoniert. Sie ist sehr kräftig und gesund und in jeder Hinsicht zuverlässig. Stark duftend. 'Charles Austin' × 'Abraham Darby'. Höhe etwa 1,20 m. Austin (Großbritannien), 1992. Abbildung Seite 159.

* GRAHAM THOMAS. Sie ist eine der besten bisher gezüchteten Englischen Rosen. Ihre Blüten sind von sattestem und reinstem Dunkelgelb, ein Farbton, den man kaum bei einer anderen Rose findet und nirgendwo bei einer anderen Strauchrose. Im Frühstadium zeigen die Blüten einen Hauch von Apricot. Diese Sorte ergab sich, zu meiner Überraschung, aus einer Kreuzung zwischen 'Charles Austin' und einer Hybride zwischen 'Schneewittchen' und einer Englischen Rose. Ich hatte auf gelbe Sämlinge gehofft, aber ich hatte kein so sattes und reines Gelb erwartet – eine Farbe, die selbst bei Modernen Rosen nicht erreicht wird. Ihre Blüten sind tief schalenförmig, anfangs kelchförmig, öffnen sich dann aber weiter, locker gefüllt mit Blütenblättern. Sie sind mittelgroß, gelegentlich erscheint in der Mitte eines Blütenbüschels auch eine besonders große Blüte. Sie haben einen kräftigen Teerosenduft, und es freut mich besonders, diesen Duft bei meinen Englischen Rosen zu haben. Der Wuchs ist sehr kräftig, neue Blüten sprießen überall, auch an der Basis hervor. Die Blätter sind groß und ähnlich wie bei 'Schneewittchen'. Wenn gefragt wird, welche Fehler sie hat, könnte man sagen, daß der Wuchs etwas zu aufrecht und an der Basis etwas zu schmal ist, obwohl sie recht buschig wächst, und Graham Thomas selbst fragt: »Zu aufrecht in welcher Beziehung?« Höhe etwa 1,20 m. Aus Südafrika erhielt ich die befremdliche Mitteilung, daß sie dort eine Höhe von etwa 3,50 m erreiche und als Kletterrose gezogen werde, allerdings habe ich keine vergleichbaren Hinweise aus anderen Ländern. Solche Abweichungen sind nichts Ungewöhnliches, wenn Rosen in sehr verschiedenen Gegenden der Welt kultiviert werden, obwohl dieses Beispiel besonders extrem ist. Austin (Großbritannien), 1983. Abbildungen Seite 152 und 161.

HERITAGE *hat von allen Englischen Rosen fast die perfektesten Blüten und bildet außerdem einen sehr guten Strauch.*

GRUSS AN AACHEN, *eine ›Eng-lische‹ Rose mit reizenden schalenförmigen Blüten.*

GRUSS AN AACHEN. Ich habe mir erlaubt, diese wunderschöne Alte Rose hier einzuordnen. Diese 1909 – lange bevor jemand von Englischen Rosen sprach – von F. Geduldig, Deutschland, gezüchtete Rose entspricht dem Ideal einer Englischen Rose in so hohem Maße, daß es meiner Ansicht nach keine andere Gruppe gibt, in der sie besser eingeordnet wäre. Sie entstand aus einer Kreuzung zwischen 'Frau Karl Druschki' und der Polyantha-Rose 'Franz Deegen' und hat mit allen vorher gezüchteten Rosenklassen wenig gemeinsam. Sie bildet eine buschige Pflanze von weniger als 1 m Höhe mit großen, schalenförmigen Blüten von schimmerndem Rosa, das mit der Zeit zu Rahmweiß verblaßt. Sie sind dicht gefüllt und im typischen Stil Alter Rosen, mit einem reizenden seidigen Schimmer und köstlichem Duft. Außerdem ist sie wirklich mehrfachblühend und, wie man bei ihren Eltern erwarten darf, sehr gesund und winterhart.

* HERITAGE. Sie ist eine der schönsten Englischen Rosen. Ihre mittelgroßen Blüten sind von einem weichen Zartrosa und von vollendeter Schalenform, jedes einzelne Blütenblatt scheint in äußerster Perfektion angeordnet, was ihr die Schönheit einer Muschel verleiht. Die Blüten erscheinen in kleinen – manchmal aber auch in großen – Büscheln und duften kräftig, leicht nach Zitrone. Sie hat glatte Triebe, wenig Stacheln und spitze Blätter nach Art der Moschata-Hybriden. Wuchs und Laub von 'Heritage' haben viele mit 'Graham Thomas' gemeinsam, tendieren aber stärker zur Elternsorte 'Schneewittchen'. Sie wächst verzweigt und buschig und treibt über die ganze Länge der Triebe reichlich neue

Blüten. Sie bildet eine hübschen, runden Strauch von etwa 1,20 m bis 1,50 m Höhe. Sie entstand aus einer Kreuzung zwischen dem namenlosen Sämling einer Englischen Rose und ('Wife of Bath' × 'Schneewittchen'). Austin (Großbritannien), 1984. Abbildung Seite 163.

HERO. Ein ziemlich spärlich wachsender Strauch, bei dem die langen Triebe locker und offen aufschießen. Leider ist der Wuchs nicht genügend dicht, um einen richtigen Strauch zu bilden, deshalb sollte man zwei oder drei Pflanzen dicht nebeneinander setzen, um einen guten Gesamteindruck zu erzielen. Andererseits sind die Blüten von einem ganz ungewöhnlich warmen und reinen Rosa, einer Farbe, die bei öfterblühenden Strauchrosen sehr selten ist. Die frühen Blüten haben die Form großer, offener Schalen und sind oft sehr zart, später in der Saison werden die Blüten flacher. Sie erscheinen einzeln in kleinen Büscheln und duften kräftig nach Myrrhe. Der Wuchs ist etwa 1,50 m hoch und fast ebenso breit. Das Laub ist glatt, und sie hat einzelne große Stacheln. Austin (Großbritannien), 1982. Abbildung Seite 154.

LUCETTA, *Englische Rose. Ein mittelgroßer Strauch von ausgezeichnetem Wuchs und mehrfachblühend.*

L. D. BRAITHWAITE, *Englische Rose. Ein ausgezeichneter Strauch mit Blüten in einem leuchtenden Karmesinrot, das nicht verblaßt. Dauerblühend.*

\* JAYNE AUSTIN. Wenn Sie die Beschreibung von 'Tamora' am Ende dieses Kapitels hinzuziehen, werden Sie die Abstammung dieser Rose leichter verstehen. 'Jayne Austin' ist das Ergebnis einer Kreuzung zwischen 'Graham Thomas' und 'Tamora'. Man könnte sagen, sie repräsentiert unter den Englischen Rosen die Noisette-Richtung, im Gegensatz zur Mehrzahl der Englischen Rosen, die den alten Strauchrosen nahestehen.

Unsere Abbildung zeigt, daß sie eine wirklich wunderschöne Rose ist. Ihre Blüten sind anfangs flach schalenförmig, später bekommen sie die Form einer Rosette. Ihre Farbe ist ein Gelb, das etwas zu Apricot tendiert – die äußeren Blütenblätter sind etwas blasser. Ihre Blütenblätter haben von allen Noisette-Rosen und deren Nachkommen den seidigsten Glanz. Ihren ausgezeichneten Wuchs verdankt sie 'Graham Thomas', sie wächst schlank, aufrecht und verzweigt und ist dauerblühend. Das Laub ist üppig und blaßgrün. Sie hat einen wundervollen Teerosenduft. Eine bezaubernde Rose. Höhe etwa 1 m. Austin (Großbritannien), 1990. Abbildung Seite 160.

LILIAN AUSTIN *ähnelt den Alten Rosen nicht so stark wie andere Englische Rosen, aber sie eignet sich sehr gut für Rabatte.*

* KATHRYN MORLEY. Eine zierliche Rose mit mittelgroßen, schalenförmigen Blüten von klarem Rosa. Sie erscheinen zahlreich und mit bewunderungswürdiger Ausdauer während des ganzen Sommers. Ihr Wuchs ist buschig. Angenehm duftend. Wegen all dieser Vorzüge ist sie eine sehr gute Gartenrose. Ihr Name wurde für 13 000 engl. Pfund bei einer Wohltätigkeitsveranstaltung des Variety Club of Great Britain zugunsten von The Shaftesbury Homes ersteigert. Sie erhielt ihren Namen nach der Tochter von Mr. und Mrs. Eric Morley, die mit siebzehn Jahren nach langer Krankheit starb. 'Mary Rose' × 'Chaucer'. Austin (Großbritannien), 1990.

L. D. BRAITHWAITE. 'Mary Rose' (siehe unten) bildet einen ausgezeichneten Strauch mit gefälligem, buschigem Wuchs und ist zuverlässig mehrfachblühend. 'The Squire' hat Blüten von herrlichstem dunklen Karmesinrot, leider aber läßt der Wuchs zu wünschen übrig. 'L. D. Braithwaite' vereinigt diese Vorzüge, ohne die Fehler zu übernehmen, und ist deshalb die wohl beste rote Rose in dieser Gruppe. Dies ist sehr erfreulich, denn gute rote Rosen sind bekanntlich sehr schwer zu züchten. Sie bildet einen niedrigen, sich ausbreitenden Strauch von knapp 1 m Höhe und ist selten ohne Blüten. Ihre Farbe ist ein leuchtendes Karmesinrot, das nur langsam verblaßt. Ihre Blüten sind hübsch – vielleicht ein bißchen locker – und duftend. Austin (Großbritannien), 1988. Abbildung Seite 166.

LILAC ROSE. Ganz verschieden von 'Charles Rennie Mackintosh', wenngleich von ähnlichem Lilaton. Ihre Blüten sind groß, flach und rosettenförmig und außergewöhnlich stark duftend. Ihr Wuchs ist buschig und aufrecht, etwa 75 cm hoch. Sämling × 'Hero'. Austin (Großbritannien), 1990.

* LILIAN AUSTIN. Dieser Rose fehlt ein bißchen der Charakter Alter Rosen, den wir bei den Englischen Rosen erwarten. Sie ist dennoch ein erstklassiger kleiner Strauch für den Garten mit ausgezeichnetem, sich ausbreitendem, buschigem Wuchs, ein Strauch, der sich gut in der Rabatte mit anderen Pflanzen kombinieren läßt. Ihre Blüten sind halbgefüllt, manchmal fast ganz gefüllt, zeigen aber zwischen den leicht gewellten Blütenblättern immer ihre Staubgefäße. Ihre Farbe ist ein kräftiges Lachsrosa, zur Mitte hin gelb schattiert. 'Lilian Austin' ist winterhart, widerstandsfähig gegen mögliche Krankheiten, verläßlich öfterblühend und gut duftend. 'Aloha' × 'The Yeoman'. Austin (Großbritannien), 1973. Abbildung Seite 167.

* LUCETTA. Sehr große, halbgefüllte, untertassenförmige Blüten von weichem Zartrosa, das mit der Zeit verblaßt, mit einem großen Bündel von

MARY ROSE *ist eine prächtige, dauerblühende und sehr verläßliche Englische Rose.* ▷

PERDITA, *Englische Rose. Eine der vielseitigsten Rosen.*

Staubgefäßen. Sie bildet einen besonders guten Strauch von gesundem und kräftigem Wuchs von etwa 1,50 m Höhe und etwa gleicher Breite mit langen überhängenden Zweigen. Die großartigen Blüten sind gefällig angeordnet und heben sich gut von dem üppigen, dunkelgrünen Laub ab. Sie ist selten ohne Blüten und in jeder Hinsicht robust und verläßlich. Duftend. Abstammung unbekannt. Austin (Großbritannien), 1983. Abbildung Seite 165.

* MARY ROSE. Diese Rose wurde 1983 anläßlich der Chelsea Flower Show eingeführt und stieß – wie 'Graham Thomas' – auf großes Interesse in den Medien, die viel dazu beitrugen, daß die Englischen Rosen einem breiteren Publikum bekannt wurden. Auf den ersten Blick wirkt sie nicht besonders aufregend, sie hat aber einen gewissen Charme. Die Blüten sind recht groß, schalenförmig und locker mit Blütenblättern gefüllt. Ihre Farbe ist ein kräftiges Rosarot, das im Herbst blasser sein kann. Sie duften nur schwach. 'Mary Rose' bildet einen sehr guten Strauch von etwa 1,20 m Höhe, ihr Laub ist dem Alter Rosen sehr ähnlich. Sie ist recht stachelig. Ihr großer Vorzug liegt in ihrem buschigen, verzweigten Wuchs, der sie mit den echten Alten Rosen verbindet. Eine solche Kombination ist nur schwer zu erzielen, und diese Rose gibt alle ihre Vorzüge glücklicherweise an ihre Nachkommen weiter. In einer Massenanpflanzung harmoniert das Rosa der Blüten hervorragend mit dem grünen

Laub. Sie ist sehr robust, man kann sie stark zurückschneiden oder auch zu einem hohen Strauch wachsen lassen. Sie ist das Ergebnis einer Kreuzung zwischen 'Wife of Bath' und 'The Miller'. Sie ist nach dem Mary Rose Trust benannt, zum Gedenken an die Bergung des (1545 gesunkenen) Flaggschiffs Heinrichs VIII. aus dem Hafen von Portsmouth nach über 400 Jahren. Austin (Großbritannien), 1983. Abbildung Seite 169.

Mary Webb. Von allen Gelbtönen, die man bei Rosen finden kann, gefällt ein zartes Zitronengelb vielleicht am besten. Eine solche Farbe haben die Blüten dieser Rose. Sie sind groß und schalenförmig mit locker angeordneten Blütenblättern. Der Wuchs ist kräftig und buschig, mit zahlreichen großen, blaßgrünen Blättern. Vielleicht kann man sagen, daß die Blüten in Form und Charakter ein bißchen undefinierbar sind. Kräftig duftend. Benannt nach einer englischen Schriftstellerin (1881–1927), die nicht weit von unserer Rosenschule lebte. Austin (Großbritannien), 1984.

Othello. Eine ungewöhnliche Sorte. Ihre Blüten sind sehr groß – größer als bei den meisten anderen Englischen Rosen, tief schalenförmig und

SAINT CECILIA, *eine Englische Rose mit niedrigem, aber elegantem Wuchs und zierlichen, schalenförmigen Blüten.*

sehr dicht mit zahlreichen Blütenblättern gefüllt. Es ist sehr schwer, die Farbe genau zu beschreiben, da sie stark variiert. Meist ist es ein dunkles Karmesinrot, das sich schnell in ein Karmesinpurpur verwandelt, manchmal ist der Farbton heller mit Ausnahme der äußeren Blütenblätter. Oft ergibt sich eine reizvolle Mischung von Farbtönen. Die Blüten haben ein etwas unfertiges Aussehen, manchmal wirken sie etwas grob. Sie haben einen schweren, kräftigen Duft, der zu dieser Art Blüten sehr gut paßt. Ihr Wuchs ist sehr stark, aufrecht, aber buschig, etwa 1,20 hoch oder höher, mit zahlreichen kräftigen Stacheln und dunkelgrünem Laub. Für ihre großen Blüten blüht sie erstaunlich ausdauernd. Sie ist anfällig für Mehltau, allerdings nicht so sehr, daß man besorgt sein müßte. Die Elternsorten sind 'Lilian Austin' und 'The Squire'. Austin (Großbritannien), 1986.

PEACH BLOSSOM. Sie ist eine Rose von höchster Eleganz und Zartheit. Obwohl die Blüten recht groß sind, erscheinen sie in großer Fülle harmonisch an duftigen Zweigen angeordnet. Ihre Farbe ist ein glänzendes Rosa, und ihre Gesamtwirkung erinnert mich an einen Pfirsichbaum in voller Blüte. Eine gute Strauchrose von etwa 1,20 m Höhe. Sie ist das Ergebnis einer Kreuzung zwischen 'The Prioress' und 'Mary Rose'. Austin (Großbritannien), 1990. Abbildung Seite 171.

172

* PERDITA. Ein guter kleiner Strauch mit buschigem, leicht überhängendem Wuchs von etwa 1 m Höhe, der ständig von der Basis her neue Triebe bildet und so für dauerndes Blühen sorgt. Die Blüten sind dicht gefüllt, mittelgroß, von zartem Apricotrosa und von leicht gewölbter Form. Sie hat üppiges, dunkelgrünes, gesundes Laub und rotbraune Triebe. Der Wuchs ähnelt den Modernen Rosen. Sie hat einen kräftigen Duft, der dem von Teerosen nicht unähnlich ist; 1984 wurde ihr Duft von der Royal National Rose Society mit der Henry Edland Medaille ausgezeichnet. Ihre Elternsorten sind: 'The Friar' × (namenloser Sämling × 'Schneewittchen'). Austin (Großbritannien), 1983. Abbildung Seite 170.

POTTER AND MOORE. Sie ist ein Abkömmling von 'Wife of Bath', einer der erfolgreichsten unserer älteren Sorten, und man kann sie als eine verbesserte Variante dieser Rose ansehen. Sie ist ebenso robust und reichblühend, die einzelnen Blüten sind aber feiner und dichter gefüllt. Ihre Farbe ist von ähnlichem weichem Rosa. Sie hat den Nachteil, daß ihre Blüten bei feuchtem Wetter leiden. Blüten im typischen Stil der Alten Rosen mit einem angenehmen Duft. Höhe knapp 1 m. 'Wife of Bath' × Sämling. Austin (Großbritannien), 1988.

PRETTY JESSICA. Ein sehr niedriger Strauch, etwa 75 cm hoch, von aufrechtem Wuchs. Ideal für jeden Besitzer eines kleinen Gartens, der gern eine Rose im alten Stil haben möchte. Ihre Blüten sind flach und schalenför-

PROSPERO, *eine Englische Rose mit karmesinroten Blüten von perfekter Rosettenform. Niedriger Wuchs.*

mig, dicht gefüllt und haben den köstlichen Duft der Alten Rosen. Ihre Farbe ist das satte, warme, glänzende Rosa, das an Zentifolien erinnert. Das Laub ist etwas spärlich und nicht sehr widerstandsfähig gegen Krankheiten. Eine bezaubernde kleine öfterblühende Rose, eine Kreuzung zwischen 'Wife of Bath' und einem namenlosen Sämling. Austin (Großbritannien), 1983. Abbildung Seite 156.

PROSPERO. Diese Rose ist fähig, Blüten ganz im Stil der Alten Rosen hervorzubringen. Sie sind mittelgroß und von dunkelstem, sattem Karmesinrot, das sich schließlich in schöne Schattierungen von Purpur und Mauve verwandelt. Die Form ihrer Blüten ist makellos, sie öffnen sich flach oder leicht gewölbt mit zahlreichen kleinen Blütenblättern. Auch der Duft ist kräftig und wie bei Alten Rosen. Weitere Vorzüge hat sie leider nicht, denn 'Prospero' ist von recht schwachem Wuchs, und die soeben beschriebenen Vorzüge kommen nur zum Tragen, wenn man ihr einen guten Boden und viel Liebe angedeihen läßt. Eine Rose für Liebhaber. Höhe etwa 60 cm. 'The Knight' × 'Château de Clos Vougeot'. Austin (Großbritannien), 1982. Abbildung Seite 173.

QUEEN NEFERTITI. Mittelgroße, rosettenförmige Blüten von weichem Gelb mit einem Hauch von Apricot. Der Wuchs ist niedrig, buschig und robust und verzweigt sich sehr reichlich, um außergewöhnlich lange zu blühen. Duftend. Höhe knapp 1 m. 'Lilian Austin' × 'Tamora'. Austin (Großbritannien), 1988.

RED COAT. Sie ist die Elternsorte von 'Dapple Dawn', die ich bereits beschrieben habe. Ihre roten Blüten scheinen etwas mehr Charakter zu haben, ansonsten sind sie gleich. Wenn man die Blüten einzeln betrachtet, erscheint ihre Farbe vielleicht etwas grell: anfangs ein hübsches, frisches Scharlach-Karmesinrot, später verwandelt es sich in einen härteren und matteren Farbton. In einer Massenanpflanzung wirkt 'Red Coat' ausgesprochen eindrucksvoll – es sieht aus, als hätten sich unzählige Schmetterlinge auf den Büschen niedergelassen, was besonders gut auf unseren Rosenfeldern zu sehen ist. Ich habe mir oft gewünscht, ich könnte die Gestalter öffentlicher Anlagen davon überzeugen, diese Rose zu pflanzen, denn ich kenne nur wenige Sorten, die sich für Massenanpflanzungen besser eignen. Wir haben 'Red Coat' und 'Dapple Dawn' in regelmäßigen Abständen während des Sommers beobachtet und dabei festgestellt, daß sie kaum je ohne Blüten waren. Mit Ausnahme von 'Ballerina' wüßte ich keine andere Rose, die in dieser Hinsicht so zuverlässig ist. Man kann 'Red Coat' als Busch schneiden, dann wird sie etwa 1,20 m hoch, oder als Strauch, dann erreicht sie eine Höhe von 1,50 m bis 1,80 m. Nur leichter Duft. 'Parade' × eine Englische Rose. Austin (Großbritannien), 1973.

REDOUTÉ, *Englische Rose. Ein Sport von Mary Rose in einem weicheren und deshalb vielleicht gefälligeren Rosa.*

\* REDOUTÉ. Sie ist ein Sport der von Anfang an beliebten 'Mary Rose', mit der sie in jeder Hinsicht identisch ist, ausgenommen ihre Blütenfarbe, ein weiches Rosa, wie man es bei den Alba-Rosen findet. Für meinen Geschmack sind Blüten in diesem Farbton schöner. Ansonsten hat sie alle guten Eigenschaften der Elternsorte. Sie ist reich- und mehrfachblühend und bildet einen hübschen, buschigen, verzweigten Strauch. Schwach duftend. Höhe etwa 1,20 m. Pierre Joseph Redouté war der berühmteste Rosenmaler. Sein Werk illustriert etwa 170 Sorten aus dem Garten der Kaiserin Josephine in Malmaison. Austin (Großbritannien), 1992.

\* SAINT CECILIA. Ein ausgezeichneter kleiner, niedrigwachsender, buschiger Strauch. Die Blüten sind mittelgroß, von einer hübschen tiefen Schalenform und von einem blassen Bernsteinapricot. Die Art, wie die Blüten an den Zweigen angeordnet sind, verleiht dieser Rose ihren

SIR WALTER RALEIGH, *Englische Rose. Riesige Blüten wie die einer Strauchpäonie.*

SWAN, *Englische Rose. Große Blüten in Form einer vollendeten Rosette, hoher, aufrechter Wuchs.*

besonderen Reiz. Sie stehen an langen, leicht überhängenden Trieben, jede Blüte hält genügend Abstand zu ihrer Nachbarin. All diese Vorzüge ergeben einen kleinen, aber eleganten Strauch. Neue Blüten werden nach einer längeren Pause hervorgebracht, es bilden sich aber bald neue Triebe, die dafür sorgen, daß sie auch noch im Herbst blüht. Blätter und Stacheln sind klein und ähneln im Aussehen denen Alter Rosen. Nach niedrigen Sträuchern dieser Art besteht eine starke Nachfrage, und diese reizende kleine Rose ist besonders beliebt, vor allem für kleinere Gärten. Myrrheduft. Sie ist ein Sämling von 'Wife of Bath' und hat viel von der Zuverlässigkeit dieser Rose geerbt. Austin (Großbritannien), 1987. Abbildung Seite 172.

* SCHLOSS GLÜCKSBURG ('English Garden'). Rosettenförmige Blüten von fast 9 cm Durchmesser mit zahlreichen kleinen Blütenblättern bilden ein vollendetes Beispiel einer Alten Rose. Ihre Farbe ist ein Bernsteingelb, das zu den Rändern hin verblaßt. Der Wuchs ist nicht sehr strauchig, eher niedrig und aufrecht, knapp 1 m hoch, mit hellgrünen Blättern. Unter günstigen Bedingungen kommen ihr wenige Englische Rosen an Symmetrie der Blütenform gleich. Angenehmer Teerosenduft. ('Lilian Austin' × namenloser Sämling) × ('Schneewittchen' × 'Wife of Bath'). Austin (Großbritannien), 1986. Abbildung Seite 153.

SHARIFA ASMA. Ich kenne nur wenige Rosen, deren Zartheit und Zauber der einzelnen Blüten sich mit diesen vergleichen lassen. Sie sind vollkommen rosettenförmig, mit zarten, aber wetterbeständigen Blütenblättern von weichem Zartrosa. Der Wuchs ist nicht besonders stark, aber durchaus zufriedenstellend, und bildet einen kleinen Busch von ziemlich aufrechtem Wuchs. Etwa 1 m hoch. Kräftig duftend. 'Mary Rose' × 'Admired Miranda'. Austin (Großbritannien), 1989. Abbildung siehe Frontispiz.

SIR CLOUGH. Diese Sorte ist das Ergebnis einer Kreuzung zwischen 'Chaucer' und der Rugosa-Rose 'Conrad Ferdinand Meyer', tendiert aber stärker zur Rugosa-Elternsorte; man könnte sie ebensogut unter den Rugosa-Rosen einordnen. 'Sir Clough' bildet einen üppigen Strauch von etwa 1,80 m Höhe mit vielen Stacheln und dunklen, grob gemaserten Blättern. Ihre Blüten sind halbgefüllt und von einem ungewöhnlichen, aber wunderschönen Kirschrosa, in der Form ziemlich locker, mit auffallenden Staubgefäßen und einem köstlichen Duft. Der Wuchs ist robust und winterhart. Benannt nach dem britischen Architekten Sir Clough Williams-Ellis, dessen bekanntestes Werk Portmeirion in Nord-Wales ist. Austin (Großbritannien), 1983.

SIR EDWARD ELGAR, *Englische Rose. Bemerkenswert wegen ihrer Farbe – ein ungewöhnliches, sehr gefälliges Hellrot, das auf einem Foto nur schwer wiederzugeben ist.*

SIR EDWARD ELGAR. Der besondere Reiz dieser Rose liegt in ihrer wunderschönen kirschroten Farbe. Ihr Farbton läßt sich auf einem Foto schwer wiedergeben und auch mit Worten nur schlecht beschreiben. Er schwankt beträchtlich und ist am schönsten an einem heißen Tag. Ihre Blüten sind groß und anfangs schalenförmig, später biegen sie sich zu einer hübschen Form zurück. Der Wuchs ist vielleicht ein bißchen zu aufrecht. Schwach duftend. Höhe etwa 1 m. 'Mary Rose' × 'The Squire'. Benannt im Auftrag der Elgar-Gesellschaft zu Ehren des berühmten englischen Komponisten. Austin (Großbritannien), 1992. Abbildung Seite 177.

SIR WALTER RALEIGH. Sie ist das Ergebnis einer Kreuzung zwischen 'Lilian Austin' und 'Chaucer'. Sie hat große, üppige Blüten, fast wie eine Strauchpäonie, von mindestens 12 cm Durchmesser, nicht ganz gefüllt, die sich weit und schalenförmig öffnen und dabei meist ihre Staubgefäße zeigen. Sie sind von einem bezaubernden warmen Rosa und haben einen starken Duft im Stil Alter Rosen. Der Wuchs ist ausladend und kräftig, etwa 1,50 m hoch und 1,20 m breit, die Blätter sind groß, alles ist im Verhältnis zu den Blüten gut proportioniert. Sie ist fast wie eine 'Constance Spry', die öfter blüht, allerdings sind die Blüten nicht ganz so dicht gefüllt. Benannt zum Gedenken an den 400. Jahrestag der Gründung einer englischen Kolonie in Amerika. Austin (Großbritannien), 1985. Abbildung Seite 176.

SWAN. Ein kräftiger Strauch, der mit seinem hohen, aufrechten Wuchs und den großen, recht modernen Blättern 'Charles Austin' ähnelt. Unter günstigen Bedingungen sind ihre Blüten wundervoll, weiß mit einem Hauch von Bernsteingelb, rosettenförmig und von vollendeter Form. Ihre einziger Fehler liegt darin, daß sie bei nasser Witterung fleckig werden – ein Problem, das bei weißen Rosen häufig vorkommt. 'Swan' remontiert zufriedenstellend, aber wie bei 'Charles Austin' ist ein kräftiger Rückschnitt auf die Hälfte der Triebe erforderlich, damit der Wuchs nicht zu staksig wird. Duftend. 'Charles Austin' × (namenloser Sämling × 'Schneewittchen'). Austin (Großbritannien), 1987. Abbildung Seite 176.

SWEET JULIET. Ist der bereits beschriebenen 'Jayne Austin' sehr ähnlich. Sie hat die gleichen, mittelgroßen, flachen, tassenförmigen Blüten, ihre Farbe ist jedoch Apricotgelb. Sie sind zwar schön, aber nicht ganz so perfekt, da sich die Blütenblätter gelegentlich spalten. Sie hat eine ähnliche Abstammung, wie 'Jayne Austin', wobei der starke Noisette-Einfluß zu einem üppigen Wuchs führt. Kräftiger Teerosenduft. Höhe etwa 1 m. 'Graham Thomas' × 'Admired Miranda'. Austin (Großbritannien), 1989. Abbildung Seite 180.

SYMPHONY. Unter günstigen Bedingungen hat sie reizvolle rosettenförmige Blüten von einem weichen Gelb. Leider verwandelt sich dieser Ton an den Rändern später manchmal in Rosa, was ihnen etwas von ihrer Schönheit nimmt. Sie bildet aber einen verläßlichen – sehr reich- und mehrfachblühenden – kleinen Strauch, der sich gut auch als Beetrose eignet. Duftend. Höhe etwa 1 m. 'The Knight' × Floribunda-Rose 'Yellow Cushion'. Austin (Großbritannien), 1986.

TAMORA. Sie ist das Ergebnis einer Kreuzung zwischen 'Chaucer' und 'Conrad Ferdinand Meyer', ein niedriger Busch mit schalenförmigen, apricotfarbenen Blüten, mit Blütenblättern wie Seide und einem Duft nach Myrrhe. Sie scheint alle ihre Merkmale von 'Chaucer' und 'Souvenir de la Malmaison', einer Elternsorte von 'Conrad Ferdinand Meyer', geerbt zu haben und zeigt keine Spur vom Rugosa-Charakter der letzteren Elternsorte. Sie ist eine reizvolle kleine Rose, wurde aber in letzter Zeit weitgehend von 'Jayne Austin' und 'Sweet Juliet' verdrängt. Höhe knapp 1 m. Austin (Großbritannien), 1983.

* THE COUNTRYMAN. Wie 'Gertrude Jekyll' ist diese Rose eine Kreuzung zwischen einer Englischen und einer Portland-Rose, und ich verweise auf meine Beschreibung von 'Gertrude Jekyll'. Hier haben wir eine Kreuzung zwischen 'Lilian Austin' und 'Comte de Chambord'. Ihr Wuchs ist niedriger als der von 'Gertrude Jekyll', knapp 1 m hoch, überhängend wie 'Lilian Austin'. Ihre Blüten sind ziemlich große, locker gefüllte Rosetten von dunklem Rosa mit einem außergewöhnlichen Duft im Stil der Alten Rosen. Mich erinnern sie etwas an Strauchpäonien, wie wir sie von chinesischen und japanischen Bildern kennen, sowohl in ihrem Charakter als auch in der Art, wie die Pflanze sie trägt, obwohl sie vergleichsweise viel kleiner sind. Die Blätter sind recht groß und erinnern an Portland-Rosen. Es ist besonders wichtig, verwelkte Blüten zu entfernen, um die Bildung neuer Triebe anzuregen; dann darf man einen guten zweiten Blütenflor erwarten, dazwischen allerdings nur einzelne Blüten. Austin (Großbritannien), 1987. Abbildung Seite 180.

THE HERBALIST. Wir wählten diesen Namen, weil sie, zumindest bei flüchtiger Betrachtung, eine gewisse Ähnlichkeit mit der Gallica-Rose 'Officinalis' (Der 'Apothekerrose') hat. Ihre halbgefüllten Blüten sind von ähnlichem kräftigem Rosa und öffnen sich flach mit goldfarbenen Staubgefäßen. Der Wuchs ist schön und buschig, außerdem ist sie remontierend. Sie ist keine besonders auffällige Rose, hat aber eine schlichte Schönheit und eignet sich besonders gut für eine Mischbepflanzung mit anderen Ziersträuchern. Sämling × 'Louise Odier'. Austin (Großbritannien), 1991. Abbildung Seite 181.

THE NUN. Nicht alle Sorten eignen sich dazu, mit viel Reklame eingeführt zu werden oder in der Hoffnung, daß sie eines Tages zu den beliebtesten

Rosen gehören werden. Einige haben bescheidenere Ansprüche. 'The Nun' ist eine solche Rose. Sie ist ein Sämling von 'The Prioress', und wie bei ihr haben die Blüten eine offene Schalenform. Sie sind fast reinweiß. Bei 'The Nun' ist die Schale noch etwas tiefer, die Staubgefäße sind darin fast wie bei einer Tulpe sichtbar; für mein Empfinden eine hübsche

Blütenform. Es kann bei Rosen vorkommen, daß die Blütenblätter nicht immer steif genug sind – ein oder zwei davon klappen dann nach innen und verdecken die Staubgefäße; und genau dies ist bei 'The Nun' der Fall. Unter günstigen Bedingungen ist sie eine schöne Rose, ihre Blüten stehen in offenen Büscheln in harmonischem Abstand voneinander, was einen Effekt von zarter Reinheit ergibt. Schwach duftend. Austin (Großbritannien), 1987.

◁ SWEET JULIET

THE PRINCE, *Englische Rose.*

*Oben links:* THE COUNTRYMAN, *Englische Rose. Eine interessante Rückkreuzung mit einer Portland-Rose von niedrigem, überhängendem Wuchs.*

THE HERBALIST, *Englische Rose. Sie ist der Gallica-Rose 'Officinalis' nicht unähnlich, jedoch mehrfachblühend.*

* THE PRINCE. Das herausragende Merkmal dieser Rose ist ihre fast einmalige Farbe – ein dunkles, sattes Karmesinrot, das sich schnell in ein ebenso bemerkenswertes und gleichermaßen sattes prächtiges Purpur verwandelt, ein Ton, den man bei einer oder zwei frühen Gallica-Rosen findet, aber bei keiner späteren Rose, und der praktisch nicht auf einem Foto wiedergegeben werden kann. 'The Prince' ist das Ergebnis einer Kreuzung zwischen 'Lilian Austin', der sie ihren schönen, sich ausbreitenden Wuchs verdankt, und 'The Squire', die für die Blütenfarbe verantwortlich ist. Das Laub ähnelt dem der Modernen Rosen, der Duft hingegen tendiert zu den Alten Rosen. Höhe etwa 60 bis 75 cm. Austin (Großbritannien), 1990. Abbildung Seite 181.

THE REEVE. Die Blüten dieser Rose haben eine tiefe Schalenform. Die Blütenblätter biegen sich gern nach innen und bilden dabei manchmal eine völlig geschlossene Kugel. Ihre Farbe ist ein sehr dunkles Rosa, und sie haben den wundervollen Duft Alter Rosen. Der Wuchs ist breit, außergewöhnlich locker und überhängend, etwa 75 cm hoch, das Laub dunkelgrün, die Triebe sind mit Stacheln besetzt. Das Ganze ergibt einen eher dunklen Gesamteindruck. 'The Reeve' pflanzt man am besten in Zweier-, Dreier- oder noch größeren Gruppen, die dann eine sich ausbreitende Einheit bilden. Sie ist zweifellos ein hübscher Anblick, wenn sie über eine niedrige Stützmauer gezogen wird. Sie ist anders als alle anderen Rosen, die ich kenne. Eine Kreuzung zwischen 'Lilian Austin' und 'Chaucer'. Austin (Großbritannien), 1979. Abbildung Seite 185.

THE SQUIRE. Ich kenne keine dunkel karmesinrote Rose, die so herrliche Blüten hat wie 'The Squire'. Leider ist ihr Wuchs nur spärlich und sehr krankheitsanfällig. Wer sie pflanzt, sollte sich dessen bewußt sein. Ihre Blüten sind sehr groß, tiefe, gefüllte Schalen, stark duftend und von dem sattesten, dunkelsten Karmesinrot, das man sich vorstellen kann. Grob gemaserte, dunkelgrüne Blätter. Höhe knapp 1 m. 'The Knight' × Château de Clos Vougeot'. Austin (Großbritannien), 1977.

WARWICK CASTLE. 'Lilian Austin' ist eine besonders guter Strauch für den Garten, aber die Blüten ähneln eher Modernen Rosen, obwohl sie deshalb keineswegs unschön sind. Ihr Wuchs ist buschig, sich ausbreitend und remontierend. 'Warwick Castle' ist eine Kreuzung zwischen 'Lilian Austin' und 'The Reeve'. Das Ergebnis ist eine Rose mit den Vorzügen von 'Lilian Austin', jedoch mit gefüllten Blüten im Stil der Alten Rosen. Sie haben eine flache Form, etwa 8 bis 9 cm im Durchmesser, mit vielen kleinen Blütenblättern, ihre Farbe ist ein kräftiges Rosarot. Sie bildet einen hübschen, niedrigen Strauch von knapp 1 m Höhe mit schlanken, überhängenden Trieben, die sich wallähnlich ausbreiten, während die Pflanze von der Basis her immer wieder neue Triebe bildet, die ständig für neue Blüten sorgen. Kräftig duftend, robust, aber manchmal anfällig für Sternrußtau. Benannt zum Gedenken an die Eröffnung des wunderschönen und sehr sehenswerten viktorianischen Rosengartens auf Warwick Castle (eine Rekonstruktion des ursprünglich von Robert Marnock 1868 gestalteten Rosengartens). Austin (Großbritannien), 1986.

WENLOCK. Sie hat sich als gute und verläßliche rote Rose von strauchartigem Wuchs bewährt, etwa 1,20 m hoch. Ihre Farbe kann man als mittleres Karmesinrot beschreiben, das sich mit der Zeit in Kirschrot verwandelt. Die Blüten sind große, flache Schalen, die locker mit Blütenblättern gefüllt sind. Sie erscheinen in größter Fülle und sind stark duftend. 'L. D. Braithwaite' hat jedoch eine schönere Farbe und einen gefälligeren Wuchs. 'Wenlock' ist das Ergebnis einer Kreuzung zwischen 'The Knight' und 'Glastonbury'. Austin (Großbritannien), 1984.

* WIFE OF BATH. Eine bezaubernde kleine Rose, die einen buschigen, verzweigten Strauch von knapp 1 m Höhe bildet. Die Blüten sind mittelgroß, zuerst hübsche, kleine, dicht gefüllte Schalen von warmem Rosa, die sich allmählich zu locker gefüllte Schalen öffnen, die in der Mitte ein klares Rosa und an den Rändern einen etwas blasseren Ton zeigen. Ihr zartes Aussehen täuscht, denn sie ist eine sehr robuste Rose, eine der verläßlichsten der kleineren Englischen Rosen. Kräftiger Myrrheduft. Sehr gut remontierend. Abstammung: Teehybride 'Madame Caroline Testout' × (Floribunda-Rose 'Ma Perkins' × 'Constance Spry'). 'Madame Caroline Testout' ist eine frühe Teehybride, die besonders zuverlässig ist, und ein bißchen von dieser Verläßlichkeit scheint sich auf 'Wife of Bath' vererbt zu haben. Austin (Großbritannien), 1969. Abbildung Seite 184.

WILLIAM SHAKESPEARE. Sie ist eine Kreuzung zwischen 'The Squire' und 'Mary Rose'. Unter günstigen Bedingungen trägt sie herrliche, rosettenförmige, dicht gefüllte Blüten von dunklem Karmesinrot. Der Wuchs ist außergewöhnlich kräftig und winterhart. Leider hat sich herausgestellt, daß sie, wie 'Fisherman's Friend', anfällig für Sternrußtau ist. Dies ist sehr schade, denn wir hatten große Hoffnungen in diese Entwicklungsrichtung gesetzt. Wundervoller Duft im Stil der Alten Rosen. Höhe etwa 1,20 m Austin (Großbritannien), 1987.

* WINCHESTER CATHEDRAL. Sie ist ein Sport von 'Mary Rose', der sie in jeder Hinsicht ähnelt, nur daß die Blüten weiß sind. Später im Jahr zeigen sie eine Andeutung von Bernsteingelb in der Mitte. Ich finde sie in Weiß besonders schön. Zu weiteren Einzelheiten siehe 'Mary Rose'. Benannt zur Unterstützung des Winchester Cathedral Trust. Austin (Großbritannien), 1988. Abbildung Seite 184.

WIFE OF BATH, *eine robuste, niedrige, zuverlässige Englische Rose mit mittelgroßen Blüten im Stil der Alten Rosen.*

WINCHESTER CATHEDRAL, *Englische Rose. Ein prachtvoller weißer Sport von 'Mary Rose' und dieser in jeder Hinsicht vergleichbar.*

WINDRUSH, *Englische Rose. Sie ähnelt 'Golden Wings', von der sie abstammt, ist aber kräftiger und blühfreudiger.*

YELLOW BUTTON, *Englische Rose. Die Blüten-farbe ist gewöhnlich dunkler als auf diesem Bild.*

THE REEVE, *eine Englische Rose mit schalenförmigen Blüten und reizvoll überhängendem Wuchs.*

WINDRUSH. Hier haben wir eine Rose von einem ganz anderen Charakter. Sie ist ein Abkömmling von 'Golden Wings' in zweiter Generation, nämlich die Kreuzung zwischen dem Sämling einer Englischen Rose und ('Canterbury' × 'Golden Wings'). Ziel dieser Kreuzung war es, eine einfach blühende Rose zu züchten, die etwas von der Zartheit einer Wildrose haben sollte. Man kan zwar nicht sagen, 'Windrush' sehe aus wie eine Wildrose, aber immerhin hat sie große, fast einfache Blüten von etwa 12 bis 13 cm Durchmesser. Sie sind von blassem Zitronengelb mit einem stattlichen Büschel hellgelber Staubgefäße und erscheinen reichlich an einem robusten Strauch. Das Laub ist üppig und blaßgrün. Ihr Duft ähnelt dem der Schottischen Zaunrose. Höhe etwa 1,20 m. Ein erstklassiger Strauch. Austin (Großbritannien), 1984. Abbildung Seite 185.

WISE PORTIA. Ein niedriger Busch mit ziemlich großen schalenförmigen Blüten. Ihre Farbe ist eine je nach Jahreszeit mehr oder weniger satte, aber immer gefällige Mischung aus Purpur und Mauve. Sie haben üblicherweise eine hübsche Form und ähneln den Alten Rosen sehr. Ihr Wuchs ist nicht besonders kräftig, gelegentlich aber bringt sie Blüten von außergewöhnlicher Schönheit hervor. Köstlicher Duft im Stil Alter Rosen. Höhe etwa 75 cm. 'The Knight' × 'Glastonbury'. Austin (Großbritannien), 1982.

YELLOW BUTTON. Ein niedrig wachsender Strauch von etwa 75 cm Höhe mit sich ausbreitendem, überhängendem Wuchs von mindestens gleicher Breite. Ihre Blüten sind mittelgroß, rosettenförmig mit zurückgebogenen Blütenblättern, geviertelt und mit einem Knopfauge. Die Farbe schwankt zwischen hellem und dunklerem Gelb, in der Mitte zeigt sich oft ein einzelner dottergelber Klecks. Kräftiger, fruchtiger Duft. Das Laub ist blaßgrün und glänzend. 'Wife of Bath' × 'Chinatown'. Austin (Großbritannien), 1975. Abbildung Seite 185.

YELLOW CHARLES AUSTIN. Sie ist, wie der Name vermuten läßt, ein Sport von 'Charles Austin' und ihr in jeder Hinsicht gleich, die Blütenfarbe ist jedoch ein blasses Gelb.

Es gibt noch viele andere Englische Rosen, die ich hier aber nicht aufführe, weil sie entweder nicht die Erwartungen erfüllen oder weil sie durch bessere Sorten verdrängt worden sind. Dazu gehören 'Admired Miranda', eine sehr schöne Sorte mit blaßrosa Blüten, deren spärlicher Wuchs aber dem der Teehybriden ähnelt; 'Ellen', eine recht gute Rose mit großen Blüten von dunklem Apricot; 'Glastonbury', eine Rose, die bei günstigen Bedingungen wunderschöne Blüten von sattem Karmesinrot trägt, aber nicht sehr zuverlässig ist; 'Immortal Juno', eine Rose mit großen, kugeligen Blüten von weichem Rosa, die sehr schön sein können, aber bei nassem Wetter leicht verderben; 'Jaquenetta', eine erstklassige

Rose mit großen Büscheln halbgefüllter Blüten von zartem Apricotrosa, die aber zu sehr zu den Floribunda-Rose tendiert; 'Moonbeam', sie ist 'Jaquenetta' sehr ähnlich, hat jedoch weiße Blüten; 'The Friar', sie hat Blüten in Teehybriden-Form, die sich rosettenförmig öffnen, leider ist der Wuchs nicht kräftig genug; 'The Knight', von dunklem Karmesinrot, aber anfällig für Sternrußtau; 'The Miller', eine verläßliche rosa Rose, aber nicht ganz so gut wie neuere Sorten; 'The Prioress', blaßrosa; 'The Yeoman', vielleicht von den hier aufgeführten die beste Rose mit Blüten von einem glitzernden weichen Rosa mit Apricot, ist aber nicht genügend verläßlich; und 'Troilus', mit großen Blüten in honigfarbenem Bernsteinton – sie eignet sich möglicherweise eher für ein wärmeres Klima.

## Einmalblühende Englische Rosen

Bei der Züchtung der Englischen Rosen entwickelte sich zwangsläufig auch eine Anzahl einmalblühender Sorten. Eigentlich sind sie ›Nebenprodukte‹, aber manchmal frage ich mich, ob es sich nicht lohnen würde, solche Rosen gezielt zu züchten. Ich habe die Vorzüge einmalblühender Rosen in Kapitel 2 beschrieben. Wir haben in unserer Rosenschule sechs solcher Sorten Englischer Rosen eingeführt, jede davon kann sich mit den Alten Rosen messen. Ich hoffe, noch weiter in dieser Richtung arbeiten zu können.

* CHIANTI. Diese Rose ist das Ergebnis einer Kreuzung zwischen der wunderschönen karmesinroten alten Gallica-Rose 'Tuscany' und der Floribunda-Rose 'Dusky Maiden'. Sie bildet einen etwa 1,80 m hohen und ebenso breiten schönen Strauch. Ihre Blüten sind große, dicht gefüllte Rosetten von dunklem Karmesinrot, das sich mit der Zeit in Purpur-Kastanienbraun verwandelt. Sie haben den schweren und kräftigen Duft Alter Rosen. Der Strauch ist robust, schön geformt und reichblühend. Obwohl sie in mancher Hinsicht von der besser bekannten 'Constance Spry' in den Schatten gestellt wurde, halten viele sie für den besseren Gartenstrauch. Sie war die ›Urahnin‹ der meisten unserer rotblühenden Englischen Rosen. Gezüchtet von Austin (Großbritannien), die Einführung erfolgte durch Sunningdale Nurseries und David Austin Roses gemeinsam, 1967. Abbildung Seite 143.

* CONSTANCE SPRY. Diese Rose ist das Ergebnis einer Kreuzung zwischen der reizenden Gallica-Rose 'Belle Isis' (mit Blüten von weichem Rosa) und der Floribunda-Rose 'Dainty Maid'. Von ihr stammt die Mehrzahl der Englischen Rosen ab. Ihre Blüten sind prachtvoll, größer als die jeder Alten Rose, die ich kenne, trotzdem sind sie niemals grob oder plump und

stehen immer in angemessenem Größenverhältnis zum Strauch. Sie bilden tiefe, gefüllte Schalen im Stil Alter Rosen, von schönem weichem Rosa, die äußeren Blütenblätter biegen sich allmählich zurück. Sie wächst sehr stark und entwickelt sich, wenn man sie nicht zurückschneidet, zu einem riesigen, wuchernden Strauch mit großen Blättern und vielen Stacheln. Mit über 2 m Höhe und Breite, bei günstigen Bedingungen noch mehr, beansprucht sie sehr viel Platz. Sie ist vielleicht ein bißchen unförmig und eignet sich wohl besser als Kletterrose oder für einen Zaun; an einer Wand erreicht sie mühelos eine Höhe von 5 m oder mehr. In welcher Form man sie auch immer wachsen läßt, es ist ein prachtvoller Anblick, wenn sie mit ihren riesigen Blüten übersät ist.

Ihre Blüten haben einen kräftigen Duft, den Graham Thomas mit dem der Myrrhe verglichen hat, obwohl andere dies bezweifeln. Ein Duft ist schwer einzustufen. Graham Thomas machte sich die Mühe, Myrrhe zu beschaffen, um den Duft der beiden zu vergleichen, und er versicherte mir, seine Beschreibung sei zutreffend. Vor der Einführung der Englischen Rosen war Myrrheduft bei Rosen selten, und sein Ursprung ist interessant. Nach Graham Thomas stammt er von der Ayrshire-Rose 'Splendens', was darauf schließen läßt, daß 'Belle Isis' in irgendeiner Form von dieser Rose abstammt. Es scheint eine etwas seltsame Verbindung zu sein, aber nach meinen Erfahrungen mit der Kreuzung sehr verschiedener Rosen halte ich sie für durchaus möglich. Wie sich dies auch immer zugetragen habe mag, 'Constance Spry' hat diese besondere

Duftnote über mehrere Generationen hinweg auf ihre Nachkommen vererbt. Gezüchtet von Austin (Großbritannien), die Einführung erfolgte gemeinschaftlich von Sunningdale Nurseries und Roses & Shrubs Limited, Albrighton, 1961. Abbildung Seite 189.

DR. JACKSON. An früherer Stelle in diesem Kapitel habe ich die Sorte 'Red Coat' beschrieben. 'Dr. Jackson' ist ein Sämling dieser Rose und stellt in mehrfacher Hinsicht eine Verbesserung dar, denn ihre Blüten sind von viel höherer Quali-

CONSTANCE SPRY, *die erste Englische Rose, die in den Handel kam. Sie hat große, fast päonienartige Blüten und bildet einen großen, ausladenden Strauch. Auch gut als Kletterrose geeignet. Einmalblühend.*

SHROPSHIRE LASS, *Englische ▷ Rose. Eine hohe, einmalblühende Strauch- oder Kletterrose.*

◁ DR. JACKSON, *Englische Rose. Ein guter Strauch für den Garten, besonders als markanter Farbtupfer.*

tät. Sie sind einfach, gleichmäßig rund geformt und von reinstem leuchtenden Karmesinrot. Auch der Wuchs ist besser als der von 'Red Coat', leicht überhängend und sehr elegant. Sie bringt eine große Fülle von Blüten in großen, hübschen Büscheln hervor. Ich kenne wenige Sorten, die sich für eine Rabatte besser eignen, wenn ein markanter Farbtupfer in Karmesinrot gewünscht wird. Benannt nach unserem sehr geschätzten Hausarzt. Austin (Großbritannien), 1987. Abbildung Seite 188.

HILDA MURRELL. Ein kräftiger, stacheliger Strauch von etwa 1,20 m bis 1,50 m Höhe mit großen, grob gemaserten Blättern. Ihre Blüten sind groß, mit zahlreichen Blütenblättern, sie öffnen sich flach und symmetrisch. Die Farbe ist zunächst ein bemerkenswert dunkles, glühendes Rosa, das mit der Zeit noch etwas dunkler wird, dabei aber etwas von seiner Leuchtkraft verliert. Sie ist auffallend schön, ganz im Stil Alter Rosen und hat auch deren kräftigen Duft. Wir benannten diese Rose nach Hilda Murrell kurz vor ihrem tragischen Tod 1984. Sie engagierte sich für die Wiedereinführung Alter Rosen nach dem Zweiten Weltkrieg. Austin (Großbritannien), 1984.

* LEANDER. Ein Sämling von 'Charles Austin', und sie sieht genau so aus wie diese, hat jedoch kleinere Blüten. Die Blüten haben denselben dunklen Apricotton und denselben fruchtigen Duft. Sie sind jedoch in der Form perfekter, eine gefüllte Rosette, bei der die einzelnen Blütenblätter eine symmetrische Spirale bilden. Leider fehlt ihr, wie auch 'Charles Austin', etwas von der Sanftheit, die wir bei Alten Rosen suchen. Die Blüten erscheinen in großen, offenen Büscheln an einem hohen Strauch, der 2,40 m und höher werden kann. Sie ist die gesündeste und starkwüchsigste aller Englischen Rosen und hat glänzende, dunkelgrüne Blätter, welche wie die einer Modernen Rose widerstandsfähig gegen Krankheiten sind. Wie oft bei einem so großen Strauch blüht sie nach dem ersten Blütenflor nur noch vereinzelt. Austin (Großbritannien), 1982.

* SHROPSHIRE LASS. Sie ist das Ergebnis einer Kreuzung zwischen der Teehybride 'Madame Butterfly' und der Alba-Rose 'Madame Legras de St. Germain' und bildet einen robusten Strauch von etwa 2,40 m Höhe. Sie kann auch als Kletterrose gezogen werden und wird dann an einer Wand 4,50 m hoch. Ihre weißen Blüten mit einem Hauch von Rosa sind fast einfach, zeigen ein dickes Büschel Staubgefäße und haben einen Durchmesser von etwa 10 bis 12 cm. Wuchs und Laub lassen die Abstammung von einer Alba-Rose erkennen. Sie ist eine sehr schöne Rose, die öfter gepflanzt werden sollte, besonders als Kletterrose, da sie mit ihren hübsch angeordneten Blüten sehr wirkungsvoll ist. Austin (Großbritannien), 1968. Abbildung Seite 189.

# KAPITEL 6

# *Englische Rosen heute und in Zukunft*

In diesem Kapitel möchte ich mich etwas intensiver mit den Englischen Rosen befassen und versuchen, das Ideal ihrer Züchtung und, so hoffe ich, ihrer weiteren Entwicklung darzustellen.

Wie ich schon angedeutet habe, gibt es eine große und weiter wachsende Zahl von Gartenfreunden mit einer starken Vorliebe für Alte Rosen. Ich fände es schade, wenn diese Rosen, die in ihrem Charakter von den heutigen Rosen so verschieden sind, bleiben sollten, wie sie sind, sozusagen ›tiefgefroren‹. Erstens gibt es keine Garantie dafür, daß sie ihre Wuchskraft auf alle Zeiten behalten werden, obwohl einige von ihnen bis heute eine bemerkenswerte Energie gezeigt haben. Zweitens, und dies ist noch wichtiger, haben die Alten Rosen einen Charme, der von den Modernen Rosen niemals erreicht worden ist, und dieser sollte weiterentwickelt werden.

Es ist diese besondere Schönheit der Alten Rosen, die ich in den Englischen Rosen wiedererstehen zu lassen versucht habe. Man könnte fragen: »Worin besteht diese Schönheit?« Diese Frage ist schwer, wenn überhaupt zu beantworten – wenn man die Rosen auseinandernimmt, um herauszufinden, aus welchen Bausteinen sie bestehen, hat man am Ende nicht mehr als ein Häufchen Einzelteile. Trotzdem will ich den Versuch wagen, und sei es, weil jede Klasse von Rosen einem bestimmten Prinzip unterliegen muß, wenn sie eine eigene Identität haben soll.

Lassen Sie mich zu allererst klarstellen, daß es nicht mein Ziel ist – auch nie gewesen ist – Reproduktionen Alter Rosen zu züchten. Es sollte durchaus möglich sein, weitere Gallica-Rosen oder Zentifolien usw. zu züchten, und dies wäre schon ein lohnendes Unterfangen, wenn es mit Liebe und Geschmack durchgeführt wird, das ist aber nicht mein Ziel. Ich möchte allerdings, daß die Englischen Rosen die Zartheit und den Charme der Alten Rosen haben und, was genau so wichtig ist, ihren intensiven Duft.

Es gibt da noch einen Punkt, den ich hervorheben möchte, bevor ich fortfahre. Ich bin davon überzeugt, daß wir die Züchtung Englischer Rosen, eigentlich jeglicher Rosen – ja jeder Blume überhaupt – nicht nur als eine praktische oder wissenschaftliche Angelegenheit ansehen, son-

dern auch als Kunst betrachten sollten. ›Kunst‹ ist vielleicht ein etwas hochtrabendes und letztendlich vielleicht sogar ziemlich inhaltsloses Wort, und ich möchte nicht anmaßend sein; ich verwende es nur, weil mir kein besserer Ausdruck zur Verfügung steht. Ich glaube, die meisten von Ihnen werden verstehen, was ich meine. In der praktischen Arbeit hat der Züchter keine vollkommene Kontrolle über sein Werk; die Natur macht es uns nicht so leicht. Trotzdem hat der Züchter die Möglichkeit, die allgemeine Richtung für eine Entwicklung festzulegen. Zumindest kann er auswählen, was ihm gefällt – wenn er das große Glück hat, dies zu erreichen, und das ist vielleicht mehr, als irgend jemand sonst tun kann, was auch immer der Gegenstand seines Bemühens sein mag.

Beim Züchten Englischer Rosen habe ich bei allen Kreuzungen und der sich daran anschließenden Auswahl der Sämlinge vor allem nach der

Schönheit der Pflanze als Ganzes gestrebt, also nach Charme, Charakter und Duft der Blüte und nach Eleganz und Anmut von Wuchs und Laub. Erst danach kommen eher praktische Erwägungen ins Spiel wie Verläßlichkeit, Robustheit, Widerstandsfähigkeit gegen Krankheiten sowie Blühfreudigkeit und die Fähigkeit, öfter zu blühen, so wichtig diese Faktoren zweifellos sind. Dies ist, glaube ich, genau das Gegenteil von dem, was die Züchter heute tun. Zu oft wurde die Rose als Maschine zur Produktion von Blüten angesehen. Dabei wird automatisch davon ausgegangen, daß die Rose dann schön ist. Leider ist dies nicht so. Es ergab sich ein Schwinden der Schönheit der Modernen Rosen, und als Folge davon ging das Interesse des Publikums zurück (allerdings wurde dieser Rückgang zum Teil durch ein wachsendes Interesse an Strauchrosen ausgeglichen). Ich glaube wirklich nicht, daß das Praktische ohne das Ästhetische großen Wert hat.

Worin besteht also der Charakter einer Englischen Rose? Was sollte unser Ziel für diese Gruppe sein? Die Antworten auf diese Fragen lassen sich in verschiedene Kategorien aufteilen: Form, Farbe und Duft der Blüte, Wuchs, Laub und wie alle diese Faktoren sich zu einem Ganzen fügen, zusammen mit so praktischen Erwägungen wie Remontieren, Wuchskraft und Widerstandsfähigkeit gegen Krankheit, die dies alles erst ermöglichen.

*Form der Blüte:* Bei den Englischen Rosen kehren wir zu der offenen Blüte zurück. Manche haben attraktive Knospen, manche nicht. Die Knospen sind in der Regel rund und öffnen sich zu dichten Schalen, die mit sich entwickelnden Blütenblättern gefüllt sind. Die Knospen können durchaus reizvoll sein, aber erst in der geöffneten Blüte entfaltet die Rose ihre volle Schönheit. So war es in der Vergangenheit immer – und anders ist es auch nicht bei Päonien und vielen anderen Blumen. Einer der großen Vorteile einer solchen Blütenform besteht darin, daß die Blüte über eine lange Zeit attraktiv bleibt, vom Öffnen der Knospe bis zum Abfallen der Blütenblätter. Jeden Tag, ja fast stündlich, verändert sich die Form der Blüte. Das gilt zwar bei den Teehybriden für das Frühstadium auch, hört aber mit dem Aufbrechen der Knospe auf. Und die Englischen Rosen behalten ihre Form nicht nur über einen längeren Zeitraum, es besteht auch eine größere Variationsbreite zwischen den einzelnen Sorten. Die Blüten können tief oder flach schalenförmig sein. Die Schalen können mit Blütenblättern gefüllt sein oder offen, manchmal zeigen sie ihre Staubgefäße, was besonders reizvoll aussieht. Sie können rosettenförmig sein – das Wort ›Rosette‹ kommt ja von ›Rose‹; solche Blüten können sich flach öffnen oder mit sich zurückbiegenden Blütenblättern. Die Blüten können auch einfach oder halbgefüllt sein. Die Zahl der Formen ist auch nicht auf diese beschränkt, es gibt viele Übergänge. Für mich haben diese Rosen einen Reiz, den ich bei keiner anderen Blume finde. Warum dies so ist, ist schwer zu sagen, vielleicht hängt es mit dem

Spiel des Lichts zusammen, das auf und durch die Blütenblätter fällt, was die reizvollsten und immer wieder veränderte Eindrücke ergibt.

*Farbe:* Die Einführung des Erbgutes von *R. foetida* in die Teehybriden löste die Entwicklung einer Fülle von Gelbtönen aus. Viele neue Farbtöne wurden möglich, leider aber waren die Ergebnisse nicht immer besonders befriedigend. Die bloße Vervielfältigung von Farbtönen ist für sich allein noch nicht wünschenswert, entscheidend ist, daß die Farben schön sind und zu Rosen passen. Die Modernen Rosen sind häufig zu grell und metallisch. Bei den Englischen Rosen sind wir zu den sanfteren, und manchmal auch satteren Farben zurückgekehrt, zu Farbtönen, die nach unserer Meinung viel besser zum Charakter der Rosen passen. Ich habe nichts gegen irgendeine bestimmte Farbe, aber genauso behutsam, wie wir die Farben für unsere Wohnungen auswählen, sollten wir auch die Farben für unsere Gärten und Rosen auswählen. Eine Farbe, die für eine Iris vielleicht ideal sein mag, muß nicht zwangsläufig auch ideal für eine Rose sein. Die Farben vieler Moderner Rosen sind darüber hinaus so grell, daß sie sich nur schlecht mit den Farben anderer Blumen kombinieren lassen. Schlimmer noch, sie vertragen sich oft nicht einmal mit den Farben anderer Moderner Rosen, ein Grund, weshalb so häufig empfohlen wird, ein Beet immer nur mit einer Sorte zu bepflanzen. So etwas kann durchaus manchmal wünschenswert sein, aber es ist traurig, daß es eine Notwendigkeit geworden ist, und in den meisten modernen Gärten ist dies auch gar nicht durchführbar.

*Duft:* Ich freue mich, sagen zu können, daß die Mehrzahl der Englischen Rosen besonders stark duftet. Dies zu erreichen war glücklicherweise gar nicht so schwierig. Die Alten Rosen, aus denen die Englischen Rosen zum Teil entwickelt wurden, sind natürlich bekannt für ihren Duft, und diese Eigenschaft scheint sich gut weiter zu vererben, obwohl ich immer Angst habe, sie könnte verlorengehen. Das kann sehr schnell passieren – und ist bei anderen Rosen geschehen: Eine Sorte kommt auf, die in jeder Hinsicht ausgezeichnet ist außer im Duft, und man hält sie für so großartig, daß sie in großem Umfang für Neuzüchtungen verwendet wird, und damit wird die Eigenschaft ›Duft‹ bei allen Nachkommen verschlechtert.

Bei Rosen finden sich viele Düfte – manchmal scheint es, als könnte man bei ihnen praktisch alle Düfte des Gartens antreffen –, und viele davon finden wir bei den Englischen Rosen. Den ungewöhnlichsten Duft hat 'Constance Spry', der, ich habe es schon erwähnt, dem von Myrrhe sehr ähnlich ist und sich als sehr bestimmend bei ihren Nachkommen erwiesen hat. Aus anderen Quellen stammt der klassische Duft Alter Rosen, der kräftigste und köstlichste von allen Düften. Dann gibt es den Teerosenduft, den herben Duft frischer Früchte, den Duft der Schottischen Zaunrose und viele Abstufungen dazwischen. Ich wünsche mir, daß wir eines Tages beim Züchten vor allem Wert auf den Duft legen, so wie heute auf die Form der Blüte. Der Duft ist eines der wichtigsten Merkmale der Rose, aber er gehört zu den Eigenschaften, für die der Züchter oder Rosenschuler am wenigsten Anerkennung erhält: Es ist schwierig, ihn zu beschreiben, man kann ihn nicht fotografieren, und bei Blumenausstellungen ist er bei den einzelnen Blüten nicht gut identifizierbar. Die wenigsten Kunden kaufen eine Rose wegen ihres Duftes, aber die meisten sind enttäuscht, wenn sie in ihrem Garten feststellen, daß keiner vorhanden ist.

*Wuchs und Laub:* Mit den Teehybriden kam eine wichtige Neuerung. Anders als alle Rosen davor sind sie niedrige Büsche von knapp 1 m Höhe, die jedes Jahr stark zurückgeschnitten werden müssen. Ihr Hauptzweck ist, als Beetpflanzen zu dienen – das Rosenbeet kommt in Mode. Rosen werden nicht mehr wie früher zusammen mit anderen Blumen gepflanzt, sie beanspruchen nun einen Platz für sich allein. Ein solcher Wuchs und Rückschnitt hat einen großen Vorteil: Er führt zu länger andauerndem Blühen. Der Nachteil ist, daß diese Büsche nicht mehr den anmutigen Wuchs ihrer Vorfahren haben. Je größer eine Pflanze ist, um so anmutiger kann ihr Wuchs sein. Hoher, buschiger, sich ausbreitender oder überhängender Wuchs ergibt zwangsläufig einen eleganteren und gefälligeren Strauch. Danach streben wir bei den Englischen Rosen. Ich muß zugeben, daß es eine schwierige Aufgabe ist, strauchförmigen Wuchs und Remontieren miteinander zu kombinieren, zumindest bei größeren Sträuchern, aber wir haben schon viel in dieser Hinsicht erreicht.

Das Laub ist nicht weniger wichtig als der Wuchs. Es reicht nicht aus, daß es für sich allein schön ist, es bildet das Umfeld für die Blüten und trägt wesentlich zum gesamten Erscheinungsbild einer Pflanze bei. Es kann von Sorte zu Sorte in Größe, Form, Farbe und Maserung der Blätter variieren, und es lassen sich verschiedene Wirkungen erzielen, die erheblich dazu beitragen, einen Strauch reizvoller und interessanter zu machen. Die Englischen Rosen bieten, dank ihrer Abstammung von sehr verschiedenen Rosen, ein breites Spektrum an Laubformen.

Ihnen wird wahrscheinlich aufgefallen sein, daß auf den letzten Seiten dieses Kapitels ein Thema immer wieder auftaucht, und das ist Vielfalt. Wir sollten nicht nach Standardisierung streben, nach Rosen, die einen vorgegebenen Katalog von Anforderungen erfüllen. Unser Ziel sollte sein, so viele Varianten wie möglich zwischen den verschiedenen Sorten zu züchten. Ein einzelner Züchter muß natürlich oftmals einen Aspekt über viele Generationen hinweg berücksichtigen, aber bei den Rosen insgesamt wünsche ich mir die Entwicklung in viele verschiedene Richtungen, sei es die Blüte, der Wuchs oder das Laub. Abwechslung, sagt man, ist die Würze des Lebens, und das gilt für Rosen ganz besonders. Sie werden heute in so großem Umfang gepflanzt und sind in so vielen Gärten zu finden, daß die große Gefahr besteht, daß man sich durch die ständige Wiederholung und die Übervertrautheit von ihnen gelangweilt fühlt – gäbe es diesen Abwechslungsreichtum nicht. Hier muß gegengesteuert werden, besonders in unserer Zeit, in der es für die Rosenschuler bequemer und gewinnbringender ist, eine kleine Anzahl von Sorten in großen Stückzahlen zu vermehren und den Kunden zu überlassen – ob sie ihnen gefallen oder nicht.

*Praktische Überlegungen:* Schließlich müssen wir uns mit dem beschäftigen, was ich die praktischen Aspekte genannt habe: die Fähigkeit der Rosen, zu wachsen, zu blühen und Krankheiten zu widerstehen. Eine Rose, die nicht gut wächst, nützt niemandem, und ich muß zugeben, daß einige der ersten Englischen Rosen in dieser Hinsicht zu wünschen übrig ließen. Dafür gab es gute genetische Gründe. Es ist nicht möglich, irgendwo bei Null anzufangen und gleich alle Vorzüge auf einmal zu erhalten. Aber wir haben bei der Züchtung Englischer Rosen einen Vorteil, wir brauchen nämlich nicht danach zu streben, eine schöne Knospenform zu erzielen, wie dies bei den Teehybriden der Fall ist, und das befreit uns von einer großen Einschränkung. Das Streben, eine bestimmte Blütenform zu erzielen, grenzt die Möglichkeiten, andere wichtige Eigenschaften zu entwickeln, stark ein. Bei der Züchtung Englischer Rosen können wir eine breite Vielfalt an Wildrosen und Gartenrosen verwenden, ohne daß wir zwangsläufig Gefahr laufen, die gewünschte Form der Blüte zu verfehlen. Die Verwendung sehr verschiedener Rosen hat die Möglichkeiten stark erweitert. Sie hat auch ein gewisses Maß an Starkwüchsigkeit ermöglicht. Diese Umstände helfen sehr, kräftige und gesunde Englische Rosen zu züchten.

Die Widerstandskraft Englischer Rosen gegen Krankheiten ist mit der von Floribunda-Rosen vergleichbar. Öfterblühende Rosen sind leider zwangsläufig weniger widerstandsfähig gegen Krankheiten als einmal blühende. Die Hauptkrankheiten der Rose sind Mehltau und Sternrußtau, beide bilden sich leicht bei jungen Trieben. Die öfterblühende Rose bildet von Natur aus ständig neue Triebe, um neue Blüten hervorzubringen. Das ergibt ein kontinuierliches Angebot an weichen jungen Trieben, die es den Krankheitserregern leicht machen, im Laufe des Jahres ständig von alten Blättern auf junge ›umzusteigen‹ und ihre Zahl dabei zu vervielfachen. Bei einer nur einmal blühenden Rose ist das ganz anders. Sie bildet neue Triebe und setzt sich dann für den Rest des Jahres zur Ruhe, die Blätter sind hart und widerstandsfähig gegen Krankheiten. Bei einer öfterblühenden Strauchrose sind diese Probleme sogar noch größer als bei Teehybriden. Eine Buschrose wird sehr weit zurückgeschnitten, dadurch bleibt wenig altes Holz erhalten, das Krankheitserreger in die nächste Saison übertragen kann. Bei einer Strauchrose, wenn wir sie als Strauch erhalten wollen, müssen wir mehr altes Holz stehen lassen, das erhöht die Chancen für Krankheitserreger erheblich. Sie sollten nun aber nicht glauben, bei öfterblühenden Strauchrosen seien Krankheiten zwangsläufig ein großes Problem.

Es wird oft behauptet, daß es – außer in kleinen Bereichen – kaum noch Spielraum für weitere Entwicklungen gibt. Nichts könnte falscher sein. Die Rose ist eine Gattung von solchem Reichtum und solcher Vielseitigkeit, daß die Möglichkeiten fast grenzenlos sind. Die Englischen Rosen sind ein Beispiel hierfür, und es ist eine schöne Vorstellung, daß andere Züchter sich mit ihnen beschäftigen, denn nur dann können sie ihr volles Potential entfalten. Sollte dies geschehen, wäre mein einziges Anliegen, daß sie den ästhetischen Aspekten, die ich beschrieben habe, genau so viel Aufmerksamkeit schenken wie den praktischen. Wenn Englische Rosen so behandelt werden wie viele andere Blumen in letzter Zeit auch, kann ihr letztes Entwicklungsstadium durchaus schlechter sein als ihr erstes. Es ist nicht schwer, sich riesige, grellbunte offene Rosenblüten vorzustellen, wie riesige Dahlien an niedrigen Büschen. Solche Horrorszenarien liegen durchaus im Bereich des Möglichen, und es kann sogar sein, daß sie für eine kurze Zeit populär werden.

Leider muß ich sagen, daß sich ein Großteil von dem, was ein Züchter beginnt, als wertlos erweist. Wie viele Blumen sind von Züchtern nicht schon ›bearbeitet‹ worden und waren eine kurze Zeit beliebt, um nur wenig später schon wieder in Vergessenheit zu geraten? Riesige, überdimensionale Dahlien und Chrysanthemen, hängende Gladiolen, riesige, gekräuselte und schlaffe Iris, blütenloser Storchschnabel usw. Denken Sie auch an die bescheidenen Tuberosen mit ihrem einfachen Charme, gezüchtet aus der Kuhschelle und der Schlüsselblume. Wie steht es heute mit ihnen? Tatsache ist, daß die Züchter sich auf immer Größeres konzentrieren, statt auf immer Besseres und Schöneres. Es gibt einen Punkt, von dem ab die Suche nach immer mehr, immer größeren und immer leuchtenderen Blüten das Gegenteil von produktiv wird und schließlich zum Untergang der Blume führt. Das Publikum wird solcher Entwicklungen stets überdrüssig, und wahre Werte sprechen für sich selbst. Wir sollten uns bemühen, den wesentlichen Charakter einer Blume zu erkennen und weiterzuentwickeln. Dies ist allerdings keine einfache Sache, es bietet aber ein Betätigungsfeld, das nahezu grenzenlos ist.

# KAPITEL 7

# *Die Kultivierung von Rosen*

Alte Rosen oder Englische Rosen zu kultivieren ist nicht schwer. Es ist jedoch leicht, die Kultivierung von Rosen mit einem Geheimnis zu umhüllen, was aber nicht gerechtfertigt ist. Mit wenig mehr als gesundem Menschenverstand und nur etwas Aufmerksamkeit lassen sich gute Ergebnisse erzielen. Trotzdem helfen ein paar zusätzliche Kenntnisse und etwas mehr Pflege, bessere Ergebnisse zu erzielen. Eines ist sicher: Je mehr wir in unsere Rosen investieren, um so mehr Freude werden wir an ihnen haben.

## *Auswahl des Standorts*

Die Wahl des richtigen Standorts von Rosen ist teils eine ästhetische, teils eine praktische Frage. Es gibt gewisse Standortbedingungen, die Rosen nicht lieben. Sie wollen keinen Schatten, nicht einmal Halbschatten, obwohl es, wie wir schon gesehen haben, einige Sorten gibt, die solche Widrigkeiten besser aushalten als andere. Sie mögen keine Konkurrenz von Baumwurzeln, auch die von Bäumen abtropfende Nässe mögen sie nicht. Alte Rosen und Englische Rosen sehen besonders gut aus, wenn man sie mit anderen Pflanzen und Sträuchern zusammenpflanzt, aber es ist wichtig, darauf zu achten, daß diese mit den Rosen nicht zu stark konkurrieren. Das ist besonders bei der Neuanpflanzung von Rosen wichtig. Haben sie sich erst einmal über ihre Nachbarn emporgearbeitet, ist dies nicht mehr so entscheidend. Der Boden sollte von angemessener Tiefe sein und gute Bedingungen liefern. Er sollte auch gut durchlässig sein. Rosen in stehender Nässe zu ziehen ist nicht möglich. Die Rosen aus Kapitel 2, also die einmal blühenden Alten Rosen, vertragen karge Böden in der Regel besser als die öfterblühenden Alten Rosen (Kapitel 3) und die Englischen Rosen (Kapitel 5). Das kommt daher, daß die öfterblühenden Rosen eine sehr viel anspruchsvollere Aufgabe zu lösen haben, nämlich das ständige Hervorbringen neuer Blüten.

# Vorbereitung des Bodens

Gewöhnlich hat der Gartenfreund auf die Beschaffenheit des Bodens kaum Einfluß. Er muß das beste aus dem machen, was er vorfindet. Ohne Zweifel gedeihen Rosen am besten in einem eher schweren Boden, sie werden dort größer und kräftiger als woanders. Mit entsprechender Düngung lassen sich aber leicht gute Ergebnisse erzielen. Sollten Sie einen außergewöhnlich schweren Lehmboden haben, kann das anfangs einige Schwierigkeiten bereiten, die man aber überwinden kann, indem man großzügig Humus zufügt und die Wurzeln in eine Pflanzmischung bettet.

Leichte Böden und mittelschwere Lehmböden sind völlig ausreichend, aber die Rosen benötigen intensivere Behandlung, besonders wenn der Boden sehr leicht ist. Echte Probleme bestehen bei kalkhaltigen Böden. Rosen mögen nicht zu viel Kalk. Sie bevorzugen einen Boden, der entweder neutral ist oder leicht sauer. Als Rosenschuler bin ich manchmal etwas bestürzt, wenn ich mit meinen Kunden spreche – viele von ihnen scheinen kalkhaltigen Boden zu haben und ich muß mich fragen, wie es unseren Rosen wohl ergeht. Glücklicherweise läßt sich dieses Problem lösen, aber es erfordert doch einigen Aufwand und einige Anstrengung. Große Mengen Humus sollten dem Boden zugefügt werden, besonders unmittelbar um die Rose, allerdings sollten die Wurzeln nicht direkt damit in Berührung kommen. Humus neutralisiert den Alkaligehalt des Bodens und hält die Feuchtigkeit.

Torfhaltige Böden sind die schwierigsten von allen. Hier hilft nur, die Erde mindestens einen Spaten tief auszuheben und komplett gegen humusreiche Gartenerde auszutauschen.

Sorgfalt bei der Vorbereitung des Bodens lohnt sich. Rosen pflanzen ist eine Investition in die Zukunft, und es zahlt sich wirklich aus, diese Aufgabe sehr gründlich auszuführen. Am besten heben Sie das Pflanzloch schon einige Wochen vor dem Eintreffen der Rosen aus. Etwa eine Spatentiefe sollten Sie die Erde gründlich durcharbeiten und mit Humus vermischen. Zusätzlich empfiehlt es sich, den Boden darunter mit einer Gabel aufzulockern (Am besten eignet sich dazu eine zweizinkige Rosengabel, die leider nur schwer erhältlich ist, A.d.Ü.). Dadurch vermeiden Sie das Entstehen von Staunässe und erleichtern den Pfahlwurzeln, tief in den Boden einzudringen. Wenn Sie einen alten Rosenbusch ausgraben, werden Sie feststellen, daß innerhalb der ersten Spatentiefe nur wenige Wurzeln sind; der größere Teil ist weiter unten. Trotzdem sollte der Humus nur etwa eine Spatentiefe untergemischt werden; tiefer nützt er nicht mehr.

Sie werden bemerkt haben, wieviel Wert ich auf Humus lege. Für mich ist dies für die Kultivierung guter Rosen entscheidend. Bei sehr kräftigen Rosen wie den Wildrosen ist er nicht unbedingt erforderlich, aber bei öfterblühenden Rosen wie den Englischen oder den Bourbon-Rosen und in etwas geringerem Umfang auch bei den Alten Rosen ist er sehr wichtig, wenn wir das beste aus unseren Rosen machen wollen, vor allem später im Jahr. Humus gibt es in unterschiedlicher Form: gut verrotteter Stallmist, Komposterde, Gartenerde einer der verschiedenen Handelsmarken oder Torf. Die beiden ersten sind am besten, Torf ist eine gute Alternative. Es ist keine schlechte Idee, Torf mit den anderen Formen von Humus zusammen zu verwenden. Er ist sehr langlebig und wirkt sich positiv auf die Beschaffenheit des Bodens aus, läßt sich gut untermischen, hat aber nur wenig Nährwert.

Wenn es Ihnen nicht möglich ist, Humus zu bekommen, sollten Sie zumindest einen der handelsüblichen Rosendünger verwenden. Eine Gabe Rosendünger im zeitigen Frühjahr nach dem Pflanzen ist auf jeden Fall zu empfehlen. Pottasche ist lebenswichtig für Rosen, besonders bei leichten Böden, die davon meist zu wenig haben. Bei schweren Böden mangelt es oft an Phosphaten. Schwefelsaures Kali kommt in der Pottasche vor, und Knochenmehl ist eine ausgezeichnete natürliche Quelle für Phosphate.

## Bodenmüdigkeit

Es gibt einen Punkt, den ich allen, die Rosen pflanzen möchten, nachdrücklich ans Herz lege: Wenn in dem Boden, in den Sie Rosen pflanzen wollen, seit längerer Zeit – etwa seit drei, vier oder mehr Jahren – bereits Rosen gewachsen sind, sollte er nicht wieder mit Rosen bepflanzt werden. Man nennt einen solchen Boden ›rosenmüde‹. Das heißt nicht, daß eine darin stehende Rose nicht unbegrenzt weiter wachsen könnte. Aber wenn er neu mit Rosen bepflanzt werden soll, werden sich die neuen Pflanzen wahrscheinlich nicht richtig entwickeln. Das gilt selbst dann, wenn ausgesprochen robuste und gesunde Rosen herausgenommen werden. Die genaue Ursache des Problems ist noch nicht völlig geklärt; mit ziemlicher Sicherheit hängt dies mit Mikroorganismen zusammen, Nematoden spielen auch eine Rolle, aber es kann auch sein, daß Gifte mitspielen, die von den Wurzeln der älteren Rose ausgeschieden werden.

Glücklicherweise betrifft dies nur den unmittelbaren Bereich um den Busch bzw. Strauch. Wenn es möglich ist, auch nur ein Stückchen neben den Standort der bisherigen Rose zu pflanzen, sollte dies schon ausreichen. Wo das nicht möglich ist, bleibt nur, die Erde an die Stelle, wo die bisherige Rose stand, zu entfernen – mindestens 60 cm tief und 50 cm oder mehr im Durchmesser, je nach Größe der Rose – und gegen eine Mischung aus zwei Dritteln Erde aus einem anderen Teil des Gartens und einem Drittel Humus auszutauschen. Bei Rosenbeeten ist es erforderlich, die gesamte Erde auszutauschen. Dies klingt vielleicht etwas übertrieben, aber ich glaube, es lohnt sich. Es ist jedenfalls viel besser, als Ihre Rosen an einer anderen Stelle des Gartens zu pflanzen, wenn dies überhaupt möglich ist.

## Das Kaufen von Rosen

Es gibt zwei verschiedene Möglichkeiten, Rosen zu erwerben – ›auf der Wurzel‹ oder in Containern. Die jetzt heranwachsende Generation von Gartenliebhabern kennt oft nur die zweite Möglichkeit, oder ist der Meinung, erstere sei irgendwie riskant. Das ist keinesfalls so. Beide Möglichkeiten haben ihre Vorzüge, im allgemeinen würde ich Rosen ›auf der Wurzel‹ vorziehen. Rosen fühlen sich in Containern niemals wirklich wohl, und wenn das Gartencenter die Containerpflanzen nicht sorgfältig behandelt hat, besteht die Gefahr, daß die Pflanzen in keinem guten Zustand sind.

Wenn Sie ungewöhnliche Rosensorten kaufen möchten, werden Sie sie über den Versandhandel bestellen müssen – es sei denn, Sie haben das Glück, in der Nähe eines Rosenspezialisten zu wohnen. Das durchschnittliche Gartencenter ist nicht in der Lage, eine breite Auswahl anzubieten. Wenn Sie bei einem Rosenspezialisten bestellen, empfiehlt es sich, die Bestellung sehr frühzeitig aufzugeben. Die Rosenschule muß zwei bis zweieinhalb Jahre im voraus planen, und es ist oft nicht möglich vorauszusehen, wie sich die Nachfrage entwickeln wird. Einzelne Sorten werden unvermeidlich ausverkauft sein.

## Das Pflanzen

Ich möchte zuerst das Pflanzen von Rosen ›auf der Wurzel‹ beschreiben. Man kann sie zu jeder Zeit zwischen Oktober und April pflanzen. Wenn Sie sie nicht am Ort kaufen, ist es möglich, daß die Pflanzen zu einem Zeitpunkt eintreffen, an dem es Ihnen nicht möglich ist – bzw. die Witterungs- oder Bodenverhältnisse dies nicht zulassen –, sie sofort zu pflanzen. In einem solchen Fall können Sie die Pflanzen vorübergehend ›einschlagen‹, indem Sie eine kleine Furche graben und die Wurzeln der Pflanzen mit Erde bedecken. Auf diese Weise kann man sie gut mehrere Wochen lang aufbewahren. Sollte der Boden beim Eintreffen der Pflanzen gefroren sein, kann man sie in der Verpackung drei bis vier Wochen lang aufheben, so lange man sie in einem kühlen, aber frostgeschützten Raum lagert.

Rosen sollten so tief gepflanzt werden, daß die Veredelungsstelle – also die Stelle, an der die Rose auf ihre Unterlage veredelt wurde – 3 bis 5 cm mit Erde bedeckt ist. Graben Sie ein Loch, das groß genug ist, um die Wurzeln aufzunehmen, breiten Sie die Wurzeln gleichmäßig aus und füllen Sie mit Erde auf, danach mit Wasser einschlämmen. Es empfiehlt sich sehr, zum Pflanzen eine spezielle Pflanzmischung zu verwenden. Diese kann man selbst mischen aus je einer Hälfte Torf und guter Gartenerde mit Beigabe von etwas Knochenmehl. Man kann auch fertige Mischungen kaufen. Damit erleichtern Sie Ihren Rosen das Anwachsen erheblich, und darüber hinaus können Sie, wenn Sie Ihre Pflanz-mischung trocken aufbewahren, auch pflanzen, wenn die Boden- oder Witterungsbedingungen nicht perfekt sind.

Wenn Sie ausgewachsene Rosen umpflanzen wollen, können Sie dies ohne weiteres tun, außer wenn sie zu alt und knorrig sind. Rosen scheinen eine solche Behandlung oft sogar direkt zu genießen. Allerdings sollten Sie die Rose vorher kräftig zurückschneiden, indem Sie alles alte und tote Holz entfernen und alle Triebe fast bis zum Boden zurück-schneiden. Damit erreichen Sie, daß die Wurzeln, die durch das Umpflan-zen zwangsläufig stark leiden, nicht zu viele Triebe mit Nährstoffen versorgen müssen.

Rosen in Containern werden im wesentlichen auf die gleiche Weise gepflanzt wie Rosen ›auf der Wurzel‹. Achten Sie nur darauf, daß der Erdballen beim Herausnehmen aus dem Container nicht aufbricht. Folie schneiden Sie am besten mit einem Messer auf, bei einem Plastiktopf klopfen Sie Pflanze und Ballen als Ganzes heraus. Der Vorteil von Contai-nerpflanzen besteht darin, daß Sie sie zu jeder Zeit des Jahres pflanzen können. Pflanzen Sie aber später als Juni, wird die Rose im nächsten Jahr etwas früher blühen, als wenn sie ›auf der Wurzel‹ im folgenden Winter gepflanzt worden wäre.

Wenn Sie sehr spät in der Saison pflanzen, z.B. Ende März/Anfang April, empfiehlt es sich, die Bodenfeuchtigkeit genau im Auge zu behal-ten. Der Boden kann dann leicht austrocknen, bevor die Pflanzen Wur-zeln gebildet haben. In solchen Fällen wässern Sie gründlich und tief. Das ist doppelt wichtig, wenn Sie Containerrosen außerhalb der Saison pflanzen. Man denkt vielleicht, die Pflanzen seien in ihrem kleinen Erdballen gut versorgt, dieser kann jedoch schnell austrocknen.

# Der Rückschnitt

Meine Anmerkungen im ersten Absatz dieses Kapitels gelten hierfür besonders. Zurückschneiden ist nicht schwierig, und es gibt viele Mög-lichkeiten. Es ist eine Art Kunst und kann, zumindest in gewissem Maße, der Wuchsform, die man erreichen möchte, angepaßt werden. Wenn man es so angeht, wird es zu einer interessanten und befriedigenden Aufgabe. Ich habe immer wieder, während ich die einzelnen Rosenklas-sen beschrieben habe, Anmerkungen hierzu gemacht, aber es ist viel-leicht hilfreich, sie hier allgemein zusammenzufassen.

EINMALBLÜHENDE ALTE ROSEN (Kapitel 2). Diese Rosen braucht man fast gar nicht zurückzuschneiden, allerdings empfiehlt es sich, nach ein paar Jahren altes Holz, das keine Blüten mehr hervorbringt, auszudünnen. Dadurch fördern Sie neue und kräftige Triebe. Gleichzeitig haben Sie die Chance, den Strauch nach Ihren Vorstellungen zu formen. Jeder kann dies auf seine Weise tun. Es kann sich lohnen, elegant überhängende Zweige stehen zu lassen, selbst wenn dadurch die Symmetrie gestört wird. Bei einem solchen Rückschnitt können Rosen für viele Gärten zu groß werden, und obwohl sich viele Blüten entwickeln, werden die einzelnen nicht so groß und schön sein, wie dies möglich ist. Besser ist es, die starken Haupttriebe um etwa ein Drittel und die Seitentriebe um zwei Drittel zurückzuschneiden und alles kraftlose, alte und tote Holz ganz zu entfernen. So erreichen sie eine kompaktere, aber manchmal weniger elegante Form.

Alle diese Rosen schneidet man am besten so bald wie möglich nach dem Blühen zurück. Damit fördern Sie die Bildung neuer Triebe und als Folge davon die schönsten Blüten im nächsten Jahr.

ÖFTERBLÜHENDE STRAUCHROSEN. Was das Zurückschneiden betrifft, stellen öfterblühende Strauchrosen (damit meine ich die Englischen Rosen und die Rosen in Kapitel 3 – China-, Portland-, Bourbon- und Remontant-Rosen) gewöhnlich ganz andere Anforderungen als einmalblühende Alte Rosen. Ihre lange Blütezeit beansprucht sie viel mehr, so daß mehr Pflege erforderlich ist. Sie sollten die kleinen, dünnen Seitentriebe wegschneiden, außerdem etwas von dem alten Holz, um die Bildung neuer Triebe anzuregen. Achten Sie in den ersten Jahren darauf, nicht zu viele der Haupttriebe und auch nicht zu viel von deren Länge zu entfernen, denn diese entscheiden über die Grundstruktur des Strauches. Sonst kann es passieren, daß die Rose überhaupt keinen Strauch bildet. Einiges von dem, was ich über den Rückschnitt einmalblühender Alter Rosen gesagt habe, gilt auch hier. Vermeiden Sie, daß die Rose aussieht, wie mit der Heckenschere geschnitten – schneiden Sie nicht um des Schneidens willen. Es kommt nur darauf an, einen reizvollen, hübschen Strauch zu formen.

China-Rosen erfordern nur geringen Rückschnitt, entfernen Sie lediglich etwas vom alten Holz. Remontant-Rosen bilden gern hohe, aufrechte Büsche, bei solchen Rosen kann es dann erforderlich sein, die Haupttriebe um die Hälfte einzukürzen, damit sich ein ansehnlicher Strauch bildet. Englische Rosen weisen eine große Vielfalt verschiedener Wuchsformen auf, deshalb habe ich den Rückschnitt in der Einleitung zu Kapitel 5 ausführlicher beschrieben, im Grunde aber gilt das gleiche wie für remontierende Strauchrosen.

Schneiden Sie im späten Winter zurück, dann kann der Strauch früh austreiben und zweimal oder dreimal neue Blüten ansetzen.

# Mulchen, düngen und wässern

Diese Pflegemaßnahmen sind bei einmalblühenden Alten Rosen nicht unbedingt nötig, aber sehr förderlich. Bei öfterblühenden Alten Rosen und bei Englischen Rosen sind sie notwendig, um eine schöne und wiederholte Blüte zu erzielen. Es stimmt zwar, daß man passable Ergebnisse auch ohne solche Pflege erreichen kann, aber etwas Unterstützung in dieser Richtung führt zu Ergebnissen, die in keinem Verhältnis zu dem geringen Mehraufwand stehen. Das trifft besonders zu, wenn der Boden für Rosen weniger günstig ist, also bei leichten Sand- oder Kalkböden.

Mulchen ist besonders wichtig. Wenn man den Rosen jedes Jahr einmal – oder zumindest alle zwei Jahre – eine kräftige Mulchschicht gibt, verlieren alle anderen Pflegemaßnahmen an Bedeutung. Eine Mulchschicht sorgt dafür, daß der Boden auch während der Trockenzeiten feucht bleibt und ermöglicht damit beständiges Blühen. Es liefert Nährstoffe, mindert die Anfälligkeit für Sternrußtau und hält das Unkraut zurück. Verschiedene Materialien können dafür eingesetzt werden. Verrotteter Kompost ist ausgezeichnet. Es lohnt sich, Garten- und Haushaltsabfälle dafür zu sammeln, aber man sollte ihm reichlich Zeit lassen zu verrotten. Die einfachste Methode ist vielleicht, im Handel erhältliche Materialien zu verwenden, z. B. Torf oder Rindenmulch. Sie sind frei von Unkräutern und leicht zu handhaben. Der Nährwert ist geringer, dies kann aber durch Düngen ausgeglichen werden.

Sobald die Rosen im Frühjahr beginnen auszutreiben, sollte mit einem der handelsüblichen Rosendünger gedüngt werden. Dies sollte im Juni oder Juli wiederholt werden, wenn der erste Blütenflor vorbei ist, um neue Blüten anzuregen. Ein guter Dünger reicht aus, er sollte aber einen hohen Anteil an Pottasche enthalten, besonders bei leichten Böden. Rosen benötigen große Mengen Pottasche, mehr als die meisten anderen Pflanzen.

Viele, die öfterblühende Alte Rosen oder Englische Rosen gepflanzt haben, sind enttäuscht, daß die Rosen oft nicht ein zweites Mal blühen. Wie leicht einzusehen ist, gibt es keine zweite Blüte ohne neue Triebe, und neue Triebe bilden sich nur, wenn genügend Feuchtigkeit zur Verfügung steht. Es macht wenig Sinn, eine Rose mit Dünger zu versorgen, wenn keine Feuchtigkeit vorhanden ist, ihn aufzunehmen. Selbst in unserem britischen Klima regnet es selten so viel, daß während des ganzen Sommers genügend Feuchtigkeit vorhanden ist. Ich will damit nicht sagen, daß Wässern in Großbritannien unentbehrlich ist, aber es kann erheblich dazu beitragen, daß die Rosen schöner blühen. In Gegenden mit weniger Regen ist Wässern auf jeden Fall lebenswichtig. Es gibt ausgezeichnete automatische Bewässerungssysteme, die das Wässern erleichtern, und sie sind nicht sehr teuer. Wenn Sie sich entscheiden zu wässern, wässern Sie gründlich. Im britischen Klima reicht es in einem durchschnittlichen Sommer schon aus, ein- oder zweimal gründlich zu wässern. Besonders wichtig ist das Wässern nach der ersten Blüte.

# Ausläufer und ›Dead heading‹

Die meisten Rosen sind auf Unterlagen veredelt, und dies bedeutet zwangsläufig, daß sich von Zeit zu Zeit Ausläufer bilden, d. h. Triebe, die von der Unterlage ausgehen. Im allgemeinen ist es nicht schwer, Ausläufer zu erkennen, weil ihre Blätter üblicherweise von denen der Rose sehr verschieden sind. Bei den Alba-Rosen können wir uns eher täuschen, da sie eng mit *Rosa canina* verwandt sind, aus der die meisten Unterlagen, die bei uns verwendet werden, entwickelt sind. In anderen Ländern wird *R. multiflora* oder eine andere Wildrose als Unterlage verwendet, die leichter zu erkennen sind. Man erspart sich viele Probleme, wenn die Ausläufer frühzeitig entfernt werden; es geht viel leichter in diesem Stadium, und die Pflanze verliert nicht so viel Energie. Als Werkzeug dafür eignet sich am besten ein Messer – versuchen Sie, auch etwas von der Rinde abzuschneiden, sonst bildet sich an derselben Stelle bald wieder ein neuer Ausläufer.

Das Entfernen verwelkter Blüten (›Dead heading‹) ist nicht unbedingt erforderlich, sorgt aber dafür, daß die Pflanze ein hübscheres Aussehen behält. Rosen haben von Natur aus einfache Blüten, der Mensch hat Sorten mit gefüllten Blüten entwickelt. Bei gefüllten Blüten fallen die Blütenblätter nach dem Verwelken nicht immer ab, und dies ist oft unschön.

Wichtig ist ›Dead heading‹ bei remontierenden Strauchrosen wie den Englischen Rosen und den öfterblühenden Alten Rosen, die sonst Hagebutten ansetzen würden. Diese kosten Energie und würden die Pflanzen an neuer Blütenbildung hindern.

# Krankheiten und Schädlinge

Wenn man berücksichtigt, wie weit Rosen verbreitet sind, kann man nicht sagen, sie seien für Krankheiten und Schädlinge besonders anfällig. Mit den meisten davon kann die Rose im großen und ganzen leben. Das Problem wird ernster, wenn viele Rosen dicht zusammenstehen. Dies trifft natürlich auf fast alle Pflanzen zu. Man spricht viel über intensives Spritzen, aber das ist nicht immer entscheidend, obgleich es bei öfterblühenden Rosen wichtiger ist.

Das vielleicht größte Problem ist Sternrußtau. Nur wenige Rosen sind gegen diese Krankheit völlig immun, und man kann sagen, daß sie der größte Fluch der Rosen ist. Jeder, der Rosen züchtet, die dem Sternrußtau widerstehen, würde eine große Tat vollbringen. Leider gehen bei dem Versuch, derart widerstandsfähige Rosen zu züchten, viele andere begehrte Eigenschaften der Rose verloren.

Mit modernen Spritzmitteln und Geräten ist es nicht allzu schwer, Krankheiten und Schädlinge unter Kontrolle zu halten. Wichtig ist, mit dem Spritzen früh in der Saison zu beginnen. Die meisten Probleme fangen relativ klein an, werden dann aber sehr schnell größer. Wenn es gelingt, sie im Frühstadium zu bremsen, ist die Bekämpfung viel leichter und wirkungsvoller.

# *Krankheiten*

STERNRUSSTAU (*Diplocarpon rosae*) [englisch ›blackspot‹ = Schwarz-flecken-Krankheit]. Die Symptome dieser Krankheit entsprechen genau dem, was der englische Name vermuten läßt – auf den Blättern zeigen sich schwarze Flecken mit gelben Rändern. Ihr Umfang wächst und ihre Zahl vervielfacht sich, und wenn man sie sich entwickeln läßt, entlauben sie oft die ganze Pflanze. Sternrußtau ist am schlimmsten in ländlichen Gegenden und überall dort, wo die Luft sauber ist, aber nicht alle Rosen-sorten sind gleich anfällig. Das derzeit wirkungsvollste Spritzmittel ent-hält Triforine (z. B. Saprol; in Deutschland werden außerdem Baymat flüssig [Wirkstoff: Bitertanol] und Funguran [Kupferoxydchlorid] sowie biologische Mittel empfohlen, A. d. Ü.). Zu dem Zeitpunkt, an dem sich die Blätter bilden, spritzt man es sowohl auf die Blätter als auch auf die Triebe. Dieser frühe Zeitpunkt ist sehr wichtig. Oft wird empfohlen, das Spritzen danach alle zehn bis vierzehn Tage zu wiederholen, dies aber grenzt an Perfektionismus. Bei den meisten Rosen reicht zweimaliges weiteres Spritzen Ende Mai/Anfang Juni sowie im Juli aus, um die Krankheit unter Kontrolle zu halten.

Günstige Bedingungen helfen, Sternrußtau zu vermeiden. Ausreichen-des Düngen sowie Mulchen sind wichtig, vermeiden Sie jedoch, zuviel Stickstoff zu verwenden. Schlechte Entwässerung und der Schatten von Bäumen fördern die Ausbreitung der Krankheit ebenfalls.

ECHTER MEHLTAU (*Sphaerotheca pannosa*) [englisch ›powdery mildew‹ = pudriger Mehltau]. Auf Blättern und Trieben bildet sich ein weißer, pudriger Schimmel. Die Blätter verfärben sich gelb und purpurfarben, verwelken schließlich und fallen vorzeitig ab. Die Knospen öffnen sich nicht. Spritzen Sie, sobald die Krankheit auftritt, mit einem Mittel, das Triforine enthält, und verfahren Sie so wie bei Sternrußtau. Lassen Sie den Mehltau nicht zu stark werden, bevor Sie spritzen.

Auch hier sorgen günstige Wachstumsbedingungen für gesunden Wuchs. Mulchen, Wässern und Düngen sind in erster Linie zur Vorbeu-

206

gung geeignet. Zu viel Stickstoff führt zu weichen Trieben, die ein idealer Nährboden für Mehltau sind.

ROSENROST (*Phragmidium tuberculatum* und andere Arten). Sie ist eine der schlimmsten Krankheiten, jedoch glücklicherweise nicht weit verbreitet. Auf den Ober- und Unterseiten der Blätter zeigen sich im Frühling orangefarbene Wölbungen. Später im Jahr erscheinen auf den Unterseiten rostartige Flecken, die im August schließlich schwarz werden. Normalerweise gibt es damit kaum Probleme, aber wo er auftritt, ist es wichtig, ihm sofort zu begegnen. Spritzen Sie Anfang bis Mitte Mai, sobald sich erste Anzeichen zeigen. Wirksame Mittel sind die gleichen, wie unter Sternrußtau angegeben. Entscheidend ist, daß auf die Unterseiten der Blätter gespritzt wird – die Oberseiten sind unwichtig.

Rosenrost tritt meist auf heißen, trockenen Böden auf und bei einem Mangel an Pottasche. Er kommt häufiger in nassen Jahren vor. Einige Sorten sind viel anfälliger als andere. Alba-Rosen und Rugosa-Rosen, die normalerweise recht unproblematisch sind, können befallen werden.

# *Schädlinge*

BLATTLÄUSE. Sie können grün, orangefarben, rötlich oder schwarz sein. Die meisten Gartenfreunde kennen sie. Sie ernähren sich von jungen Trieben, treten im Frühjahr auf und vermehren sich rasch, wenn nichts unternommen wird. Sie führen schließlich dazu, daß die Blätter verkrüppeln. Sie hinterlassen auf den Blättern honigartige Ausscheidungen, den sogenannten ›Honigtau‹, der einen schwarzen Pilz ernährt, der als ›Schwarzer Schimmel‹ bekannt ist.

Die Bekämpfung ist nicht schwierig, es gibt zahlreiche systemische Mittel. Spritzen Sie, sobald die Insekten sich erstmals zeigen. Achten Sie beim Einkauf darauf, daß das Mittel nicht schädlich für Bienen und andere nützliche Insekten ist.

BLATTROLLWESPE. Die Fiederblättchen rollen sich eng zusammen, und im Inneren zeigt sich manchmal eine graugrüne Larve. Dieses Problem tritt hauptsächlich bei Rosen auf, die im Schatten von Bäumen stehen.

Nur vorbeugendes Spritzen ist sinnvoll, bevor sich die Blätter zusammengerollt haben. Wenn das Problem bei Ihnen auftritt, müssen Sie bis zum nächsten Frühjahr warten und dann im Mai mit einem Mittel wie ›Unden flüssig‹ spritzen.*)

---

*) Anmerkung der Übersetzer:
Ingwer Jensen empfiehlt zur Reduzierung der Umweltbelastung alternativ, die eingerollten Blätter nach ihrem Entstehen sofort, spätestens Mitte bis Ende Juni, zu entfernen und zu vernichten, zwei bis drei Jahre lang. Die Rosen treiben danach erneut aus. Der jährliche Zeitaufwand betrage nur wenige Minuten pro Pflanze.

Diese kurze Liste von Problemen sollte nicht dazu führen, daß Sie die Kultivierung von Rosen als einen beständigen Kampf gegen Krankheiten und Schädlinge ansehen. Oft treten sie gar nicht auf. Wir müssen ihnen nur begegnen, wenn die Gefahr besteht, daß sie zu einem wirklichen Problem werden.

# Glossar

**Absterben**
Ein von der Spitze eines Triebes ausgehendes fortschreitendes Absterben.

**Aufrechter Strauch**
Eine Rose, bei der die Triebe vorwiegend senkrecht nach oben wachsen.

**Ausladender Strauch**
Ein Strauch, bei dem die Triebe mehr in die Breite als in die Höhe wachsen.

**Ausläufer**
Ein Trieb, der von der Rosenunterlage statt von der darauf veredelten Gartenrose ausgeht.

**Buschiger Strauch**
Eine Rose mit dichtem, gerundetem Wuchs.

**Chromosomen**
Ketten aus miteinander verbundenen Genen in den Zellen von Pflanzen und Tieren, die das Erbgut weitergeben.

**Diploid**
Eine Pflanze mit zwei Sätzen von Chromosomen.

**Einschlagen**
Vorübergehende Lagerung von Rosenpflanzen ›auf der Wurzel‹ in einer Erdfurche, wenn die Bedingungen das Pflanzen nicht zulassen.

**Fiederblättchen**
Die einzelnen Blättchen, aus denen ein Rosenblatt besteht.

**Gattung**
Eine Gruppe von Pflanzen mit gleichen Eigenschaften, z. B. Gattung Rosa.

**Gen**
Eine Einheit des Erbgutes. Steuert die ererbten Eigenschaften.

**Geviertelt**
Eine Blüte, bei der die inneren Blütenblätter vier Viertel formen.

**Griffel**
Der Teil des Stempels, der die Narbe mit dem Fruchtknoten verbindet.

**Hagebutten**
Die Früchte der Rose. Sie enthalten die Samen.

**Höhe**
Die bei den einzelnen Sorten angegebenen Höhen sind nur Annäherungswerte. Im Einzelfall hängen sie stark von Boden, Standort, Jahreszeit und geographischer Lage ab. Die Breite eines Rosenbusches oder -strauchs ist meist etwas geringer als die Höhe.

**Hybride**
Eine Rose, die das Ergebnis der Kreuzung zweier verschiedener (Wild- oder Garten-)Rosen ist.

**Kalyx (Kelch)**
Die grüne Schutzhülle der Blütenknospe, die sich in fünf Kelchblätter (Sepalen) öffnet.

**Kelchblätter (Sepalen)**
Die fünf Teile des Kelches.

**Knopfauge**
Eine knopfartige Krümmung der kleinsten Blütenblätter in der Mitte einer Rosenblüte.

**Kreuzung**
Siehe Hybride.

**Kugelform**
Eine Blüte, bei der die Blütenblätter oft bis zum Schluß kugelförmig geschlossen bleiben.

**›Mixed border‹**
Eine für englische Gärten typische Form der Bepflanzung einer Rabatte mit Ziersträuchern und Stauden, meist als Randbepflanzung.

**Mutation**
Siehe Sport.

**Narbe**
Das Ende des Stempels
(des weiblichen Organs der Pflanze).

**Nebenblätter**
Abgewandelte Blätter an der Basis des Blütenstengels.

**Öfterblühend**
Eine Rose, die auch nach dem ersten Blütenflor im selben Jahr nochmals Blüten in größerer Zahl hervorbringt, jedoch nicht unbedingt ohne Unterbrechung.

**Okulieren**
Die übliche Methode zur Vermehrung von Rosen. Ein sogenanntes ›Auge‹ wird auf den Wurzelhals einer Unterlagenpflanze veredelt.

## Organischer Dünger
Ein Dünger, der aus natürlichen Stoffen hergestellt ist, nicht aus Chemikalien.

## Petralen
Blütenblätter.

## Pollen-Elternteil
Das männliche Elternteil einer Sorte.

## Pompon
Eine meist kleinere rundliche Blüte mit regelmäßigen, kurzen Blütenblättern, bei der die Blütenblätter sich so weit öffnen, daß sie einen Pompon bilden.

## Reis, Edelreis
Ein Trieb, der zum Veredeln verwendet wird.

## Remontierend
Eine Rose, die nach der Hauptblüte eine geringere Nachblüte hervorbringt.

## Rezessives Gen
Ein Gen, das von einem anderen dominiert wird und dessen Eigenschaften deshalb nicht wirksam werden.

## Rosen ›auf der Wurzel‹
Rosenpflanzen, die ohne Erde gekauft werden, nicht·in einem Container.

## Rosen ›auf eigener Wurzel‹
Rosenpflanzen, die nicht durch Veredlung auf eine Rosenunterlage vermehrt wurden, sondern durch Stecklinge.

## Sämling
Eine Rosenpflanze, die aus Samen gezogen wurde. Hier: ein Abkömmling einer Sorte.

## Sepalen
Kelchblätter.

## Sport
Eine Rose mit verändertem Erbgut, z.B. wenn eine rosafarbene Rose plötzlich einzelne weiße Blüten trägt.

## Staubbeutel
Der Teil der Blüte, der Pollen produziert;
der obere Teil der Staubblätter.

## Staubblätter
Das männliche Organ einer Blüte, bestehend aus dem Staubfaden und dem Staubbeutel, der den Pollen enthält.

## Stempel
Das weibliche Organ der Blüte, bestehend aus Narbe, Griffel und Frucht-knoten.

## Stil der Alten Rosen
Charakteristisch für Alte Rosen sind schalen- oder rosettenförmige Blü-ten. Die Blätter sind üblicherweise grob gemasert, z. B. bei den Gallica-Rosen und Zentifolien.

## Stil der Modernen Rosen
Charakteristisch für Moderne Rosen sind Knospen mit hoher Mitte und glattes Laub wie bei Teehybriden.

## Strauch
Eine Rose, die nur leicht zurückgeschnitten wird und in einer eher natürlichen Form wächst, im Gegensatz zu einem Busch (z. B. bei Beet-rosen), der bis auf 15–20 cm zurückgeschnitten wird.

## Tetraploid
Eine Pflanze mit vier Sätzen von Chromosomen.

## Triploid
Eine Pflanze mit drei Sätzen von Chromosomen.

## Überhängender Strauch
Ein Strauch, bei dem sich die langen Haupttriebe zum Boden hinunter neigen, was gewöhnlich sehr reizvoll aussieht.

## Unterlage
Eine Wirtspflanze, auf die eine Gartenrose veredelt wird.

## Veredelungsstelle
Die Stelle auf der Unterlagenpflanze, an der das Auge der Gartenrose eingefügt wurde.

## Verkleben der Blüte
Bei nassem Wetter kleben die äußeren Blütenblätter zusammen, so daß sich die Knospen nicht öffnen können.

## Wiederholt blühend
Siehe Öfterblühend.

# Generallizenznehmer für Englische Rosen

Folgende Rosenschulen sind in ihrem jeweiligen Land Generallizenznehmer für Englische Rosen. Englische Rosen sind darüber hinaus in zahlreichen weiteren Baumschulen und Gartencentern erhältlich.
Rosenschulen, die mit einem Stern (*) gekennzeichnet sind, bieten außerdem eine breite Auswahl an Alten Rosen und Strauchrosen.

DEUTSCHLAND
* Ingwer J. Jensen GmbH
Am Schloßpark 2 b
24960 Glücksburg
Deutschland

FRANKREICH
Georges Delbard
Malicorne
03600 Commentry
Paris
Frankreich

GROSSBRITANNIEN
* David Austin Roses
Bowling Green Lane
Albrighton
Wolverhampton WV7 3HB
England

ITALIEN
Rose Barni
51100 Pistoia
Via Autostrada 5
Italien

NIEDERLANDE (nur Großhandel:)
Kwekerij 't Hulder
5821 EE Vierlingsbeek
Overloonseweg 11 a
Niederlande

NIEDERLANDE (nur Einzelhandel:)
De Wilde Bussum
Kwekerij Pr.
Irenelaan 14
P.O. Box 115
1400 A. C. Bussum
Niederlande

SCHWEIZ
* Richard Huber AG
Baumschulen
5605 Dottikon AG
Schweiz

**Bezugsquellen für Alte Rosen in Deutschland:**

*Baumschule Goos,* 69168 Wiesloch-Baiertal

*BKN Strobel,* 25421 Pinneberg

*Ingwer J. Jensen GmbH,* 24960 Glücksburg

*Rosengärtnerei Kalbus,* 90518 Altdorf/Hagenhausen

*W. Kordes Söhne,* 25365 Klein Offenseth-Sparrieshoop

*LACON, John Scarmann,* 68766 Hockenheim

*Walter Schultheis, Rosenhof,* 61231 Bad Nauheim-Steinfurth

*Rosen-Tantau,* 25436 Uetersen

*Karl Zundel,* Rosenkulturen, 34246 Vellmar

**Bezugsquellen für Englische Rosen in Deutschland:**

*Baumschule Goos,* 69168 Wiesloch-Baiertal

*Ingwer J. Jensen GmbH,* 24960 Glücksburg

# Rosengärten in Deutschland

Baden-Baden: *Gönner-Anlage* und ›Im Beutig‹
Berlin: *Pfaueninsel*
Dortmund: *Deutsches Rosarium*
Dreieich bei Frankfurt/Main: *Burggarten* (angelegt von Lore Wirth)
Eltville/Rheingau: *Burggarten*
Frankfurt/Main: *Rosengarten im Palmengarten*
Glücksburg: *Rosarium am Schloßpark* (angelegt von Gartenarchitekt Günther Schulze im Auftrag von Ingwer J. Jensen, umfassendste Sammlung Englischer Rosen in Deutschland)
Insel Mainau/Bodensee
Kassel: *Park Wilhelmshöhe* (angelegt von Hedi und Dr. Werner Grimm)
Sangerhausen: *Rosarium* (1901 vom Verein Deutscher Rosenfreunde angelegt, umfassendste Sammlung Alter Rosen)
Uetersen: *Rosarium*
Weihenstephan bei München: *Sichtungsgarten*
Zweibrücken: *Rosengarten*

# Die Namen
# Englischer Rosen

Aufgrund gesetzlicher Vorschriften müssen Rosen, die als Sorte patentiert wurden, einen zusätzlichen Namen haben, damit sie auch dann eindeutig identifizierbar sind, wenn sie später oder in einem anderen Land unter einem anderen Namen vertrieben werden.

Abraham Darby (Auscot)
Ambridge Rose (Auswonder)
Apricot Parfait (Aussaucer)
Austin's Cottage Rose (Ausglisten)
Bibi Maizoon (Ausdimindo)
Bow Bells (Ausbells)
Brother Cadfael (Ausglobe)
Cardinal Hume (Harregale)
Charles Rennie Mackintosh (Ausren)
Claire Rose (Auslight)
Cottage Rose (Ausglisten)
Country Living (Auscountry)
Emily (Ausburton)
English Garden (Ausbuff)
Evelyn (Aussaucer)
Financial Times Centenary (Ausfin)
Fisherman's Friend (Auschild)
Gartenarchitekt Günther Schulze
  (Auswalker)
Gertrude Jekyll (Ausbord)
Glamis Castle (Auslevel)
Golden Celebration (Ausgold)
Graham Thomas (Ausmas)
Heritage (Ausblush)

Jayne Austin (Ausbreak)
Kathryn Morley (Ausvariety)
L. D. Braithwaite (Auscrim)
Lilac Rose (Auslilac)
Mary Rose (Ausmary)
Othello (Auslo)
Peach Blossom (Ausblossom)
Queen Nefertiti (Ausap)
Redouté (Auspale)
St. Cecilia (Ausmit)
Schloß Glücksburg (Ausbuff)
Sharifa Asma (Ausreef)
Sir Edward Elgar (Ausprima)
Sir Walter Raleigh (Ausspry)
Swan (Auswhite)
Sweet Juliet (Ausleap)
The Countryman (Ausman)
The Dark Lady (Ausbloom)
The Herbalist (Aussemi)
The Pilgrim (Auswalker)
The Prince (Ausvelvet)
Warwick Castle (Auslian)
Winchester Cathedral (Auscat)

In Deutschland werden folgende Englische Rosen unter abweichenden Namen vertrieben:
'Cottage Rose':       ('Austin's Cottage Rose')
'Evelyn':             ('Apricot Parfait')
'English Garden':     ('Schloß Glücksburg')
'The Pilgrim':        ('Gartenarchitekt Günther Schulze')

# Fotonachweis

David Knight, A.B.I.P.P., A.R.P.S., A.S.I.A. (Art und Design) der School of Art and Design, The Polytechnic, Wolverhampton.

Michael Warren, A.B.I.P.P., A.M.P.A., der sich auf Gartenthemen spezialisiert hat und eine umfangreiche Sammlung von Fotos besitzt.

Vincent Page, Bildredakteur von *The Sunday Times Colour Supplement*, der eine der umfangreichsten Sammlungen von Rosenbildern besitzt und wertvolle und umfassende Hilfe bei der Auswahl der Bilder leistete.

Claire Austin, B.A. (Hons.), die dem Verfasser in seiner Rosenschule zur Seite steht und sich auf winterharte Pflanzen spezialisiert hat.

Graham Stuart Thomas, O.B.E., V.M.H., D.H.M., V.M.M., früher Berater des National Trust in Gartenangelegenheiten und Verfasser vieler Gartenbücher.

Professor G. Fineschi, Italien, dessen Garten in Florenz eine der großartigsten Sammlungen von Rosen in Europa enthält.

Weitere Fotos stammen von R.C. Balfour, Harry Smith's Horticultural Photographic Collection, Paul Edwards, Gartendesigner, und von folgenden Baumschulen: Cants of Colchester, James Cocker & Sons, Dickson Nurseries Ltd., Fryer's Nurseries Ltd., R. Harkness & Co. Ltd., Le Grice Roses, John Mattock Ltd., Wisbech Plant Co. Ltd. sowie B.J. Tysterman.

# Bibliographie

## Englischsprachige Rosenbücher

American Rose Society's *Annuals* (seit 1917)

Beales, P., *Old Fashioned Roses* (1990)

Beales, P., *Twentieth Century Roses* (1988)

Beales, P., *Roses* (1992)

Bean, W. J., *Trees and Shrubs Hardy in the British Isles* (8. revidierte Aufl.)

British Rose Growers Association, *Find that Rose, A Guide to Who Grows What* (1992)

Bunyard, A. E., *Old Garden Roses* (1936)

Dobson, B. R., *Combined Rose List. Hard to Find Roses and Where to Find Them* (1985)

Edwards, G., *Wild and Old Garden Roses* (1975)

Fletcher, H. L. V., *The Rose Anthology* (1963)

Foster-Melliar, Rev. A., *The Book of the Rose* (1894; 1910)

Gault, S. M. und Synge, P. M., *The Dictionary of Roses in Colour* (1970)

Gibson, M., *The Rose Gardens of England* (1988)

Gibson, M., *Roses* (1989)

Gore, C. F., *The Book of Roses or The Rose Fancier's Manual* (1838; 1978)

Griffiths, Trevor, *The Book of Old Roses* (1984)

Griffiths, Trevor, *The Book of Classic Old Roses* (1986)

Harkness, Jack, *Roses* (1978)

Hillier's *Manual of Trees and Shrubs* (4. Aufl., 1974)

Hole, S. Reynolds, *A Book about Roses* (1896)

Jekyll, G. und Mawley, E., *Roses for English Gardens* (Country Life 1902; Nachdruck 1982)

Keays, F. L., *Old Roses* (1935; Faksimile-Nachdruck 1978)

Le Rougetel, H., *A Heritage of Roses* (1988)

McFarland, J. H., *Modern Roses* (8. Aufl., 1980)

McFarland, J. H., *Roses of the World in Colour* (1936)

Mansfield, T. C., *Roses in Colour and Cultivation* (1947)

Nottle, T., *Growing Old Fashioned Roses in Australia and New Zealand* (1983)

Paul, William, *The Rose Garden* (10. Aufl., 1903)

Pemberton, Rev. J. H., *Roses, Their History, Development and Cultivation* (1908; revidierte Aufl. 1920)

Redouté, P. J., *Les Roses* (1817–1824)

Ridge, A., *For the Love of a Rose* (1965)

Rivers, T., *The Rose Amateur's Guide* (1837)

Ross, D., *Shrub Roses in Australia* (1981)

Royal National Rose Society's *Annuals* (seit 1911)

Shepherd, R., *History of the Rose* (1966)

Steen, N., *The Charm of Old Roses* (1966)

Thomas, G. S., *The Old Shrub Roses* (1955)

Thomas, G. S., *Shrub Roses of Today* (1962)

Thomas, G. S., *Climbing Roses Old and New* (1965)

Thomas, G. S., *An English Rose Garden* (1991)

Thompson, Richard, *Old Roses for Modern Gardens* (1959)

## Neuere deutschsprachige Rosenbücher

Baker, C. und Lacy, A., *Die Welt der Rose* (1991)

Beales, P., *Klassische Rosen* (1992)

Cogiatti, S., *Berühmte Rosen und ihre Geschichte* (1987)

Cogiatti, S., *Rosen* (1986)

De l'Aigle, A., *Begegnung mit Rosen* (1. Aufl., 1957; 2. Aufl., 1977)

Glasau, F., *So hat man mehr Freude an Rosen* (1981)

*Grün ist Leben*, BdB Handbuch Teil IV, *Rosen* (5. Aufl., 1990)

Jacob, A., Grimm, H., Grimm, W., Müller, B., *Alte Rosen und Wildrosen* (1990)

Hillier, Malcolm, *Rosen* (1992)

Höger-Orthner, I., *Vom Zauber der Alten Rosen* (1991)

Krüssmann, G., *Rosen, Rosen, Rosen* (1974)

Meile, C. und Meile, H.-G., *»... ich habe die Lust zu reisen gegen einen Rosenstrauch eingetauscht«* (1987)

Nissen, G., *Alte Rosen* (4. Aufl., 1986)

Rosarium Sangerhausen, *Rosenverzeichnis* (4. Aufl., 1988)

Sala, O., *Das große Buch der tausend Rosen* (1992)

Squire, D., und Newdick, J., *Das Rosenbuch* (1992)

Verein Deutscher Rosenfreunde, *Rosenjahrbücher* (ab 1990)

Westrich, J. (Hrsg.) *Die Rose* (1989)

Wirth, L., *Der Burggarten, Burg Hayn in der Dreieich* (1991)

# Register

*Kursiv gesetzte Seitenzahlen verweisen auf Abbildungen*